좋은 사람이 좋은 말을 한다

김준호 지음

좋은
사람이

좋은
말을 한다

진심을 전하고 공감을 만드는
40가지 말의 철학

포르*헤

목차

2장. 좋은 사람이 좋은 말을 한다 : 배려의 마음

3장. 말은 언제나 사람을 향한다 : 공감의 언어

우리에게는
좋은 말이 필요하다

다정한 말 한마디의 힘

"너는 내 친구지만 정말 근사해."

유난히 내가 초라하고 작아지는 날이 있다. 그런 날 내게 친구가 해준 말이다. 내가 근사하지 않다는 것 정도는 이미 아는 나이라 달콤한 칭찬에 우쭐하지는 않지만, '근사하다'는 친구의 말은 정말 근사한 위로가 되어 마음에 남는다. 이후 우리는 종종 서로에게 근사한 위로를 건네는 멋진 친구가 되었다. 우리가 사용하는 일상의 모든 언어는 공감을 향한다. 우리가 말하는 목적은 시간, 장소, 상황에 따라 다양할 것이다. 그럼에도 모든 소통은 결국 공감을 얻는 과정이라 할 수 있다.

인간은 모두 근본적으로 타인일 수밖에 없다. 누구나 혼자이지 않은 사람은 없다. 아무리 어린 시절부터 가치관과 마음을 공유해온 친밀한 사이라고 해도 성격과 살아온 경험이 다른 서로의 마음을 까만 텍스트 읽듯이 명료하게 들여다볼 수는 없으니 말이다. 그런 우리가 서로 이어져 있다는 감각을 느낄 수 있는 유일한 방법이 바로 '말'이다. 물론 눈빛과 표정이, 손짓과 분위기가 전하는 마음도 있기 마련이지만 어떤 마음은 말로 표현하지 않으면 영영 부치지 않은 편지처럼 그대로 한 사람의 마음 깊은 곳에 머무를 뿐이다.

그래서 우리에게는 공감을 나눌 수 있는 좋은 말이 필요하다. 특별한 위로나 거창한 조언이 아니더라도 그저 내 마음을 알아주는 말 한마디가, 그 무엇으로도 채우지 못해 휑하던 마음의 빈 공간을 뭉근하게 데워준다. 그리고 그 다정한 말 한마디를, 아니 그 말을 건넨 따뜻한 사람을 우리는 오랫동안 근사한 보물처럼 기억한다.

공감의 말, 가슴에 남는 언어

어떤 말은 반대로 상대방의 가슴에 생채기를 남긴다. 아니,

도저히 돌이킬 수 없는 깊은 흉터로 남기도 한다. 자신의 생각에 동의하지 않는 상대를 이해하거나 설득하기보다 공격하는 사람이 있다. 나이가 들수록 자신이 지나온 길과 삶에 확신을 부여하는 것이 인간의 본능이다. 사소한 신념 하나도 꺾지 않으려는 아집은 귀를 닫게 하고, 상대의 말을 자르는 날카로운 칼을 품게 한다. 점차 새로운 사람과 관계를 맺는 것이 어려워지는 결정적 이유일 수도 있겠다.

아무리 스스로 옳은 말이라 생각해도, 혹은 좋은 말을 전달하려 해도 '공감되지 않는 말'은 아무런 힘이 없다. 나와 다른 생각을 가진 사람을 인정하고 소통하기 위해서는 가장 단순한 지름길이 하나 있다. 천하의 달변도, 독보적인 지식도, 누구든 굴복시킬 수 있는 권력도 아니다. 진부한 말일 수도 있지만, 결국 진실된 마음을 담은 말을 이길 수는 없다. 나와는 성격이 너무 다른 가족, 친구, 연인과의 갈등을 겪다가도 뜻밖의 애정 표현이나 사과 한 마디가 마음을 울렸던 경험이 누구나 한 번쯤 있을 것이다. 진정성을 가진 말은 그것이 잘 다듬어지지 않고 어설프다 한들 상대방의 마음에 직접 가닿아 마음을 전할 수 있는 힘이 있다.

공감의 말, 가슴에 남는 언어는 무엇일까? 단 한 번의 대화로 좋게 기억되는 사람이 있고, 함께 대화하는 시간이 견디기 힘든 사람도 있다. 마찬가지로 많은 말을 해도 전달되지 않는 말이 있고, 한마디 말을 했을 뿐인데 잘 들리는 말이 있다. 이처럼 마음을 울리는 말을 하는 사람은 공감 능력이 뛰어난 사람이다. 상대의 감정을 진심으로 느끼고 공감하며 '관계'를 고려한 언어를 전할 줄 아는 사람이다.

이는 말하는 사람의 소통 능력에 달려 있다. 소통 능력은 단순히 좋은 목소리를 가졌다거나 뛰어난 화술의 구사를 의미하지 않는다. 듣는 사람의 기분과 상태를 살피고 배려하는 마음, 상대가 원하는 것을 아는 통찰력, 대상과 상황에 따라 완급을 조절할 수 있는 표현력, 자신의 말에 책임을 질 수 있는 자신감 등이 상대에게 잘 들리는 말을 하게 한다. 이것은 말하기의 기술적인 측면 이전에 근본적인 소통 능력의 차이다. 우리는 소통을 통해 타인과 관계를 맺고 일하며 친구가 된다. 그리고 다시 자신을 돌아보게 된다. 소통 능력은 특별한 자격증이나 시험이 있는 것은 아니지만 의외로 인생의 많은 문제를 해결하고 우리 삶을 더욱 풍요롭게 한다. 우리에게 통通하는 말이 필요한 이유다. 당신은 어떤 말을 하고 있는가?

당신의 말에 철학과 향기를 담아라

싸이월드 시절 도토리로 사 모으던 인기 BGM(배경음악)을 다시 듣는 사람들이 많아졌다. 최근 유행하는 K-POP과 사뭇 다른 감성을 담고 있는 흘러간 노래를 찾는 이유가 뭘까. 그 음악에 대한 그리움도 있을 수 있겠지만, 한편으로는 음악이라는 게 그 시절을 보낸 우리의 모습을 떠올리게 하는 강렬한 매개체가 되어주기 때문일 것이다. 마찬가지로 어떤 사람을 그 사람이 풍기던 향기로 기억할 때가 있다. 때로는 잊고 있던 특정 시절에 대한 기억이 익숙한 향기를 접했을 때 불현듯 되살아나 그리워진다. 우리가 무엇을 기억하거나 혹은 그리워하는 방식은 엄밀히 말하면 그 대상 자체를 향한 것이 아닐지도 모른다.

때때로 사람들은 어떤 기억을 평생 동안 품고 살아간다. 공간과 시간에 남겨진 것은 누군가와 공유한 공기의 온도와 냄새, 그리고 이야기다. 추억이라고 부르는 것은 결국 이 세 가지의 총체라고 해도 과언이 아니다. 특히 그 추억의 중심에는 우리가 공유한 하나의 스토리, 우리가 주고받은 대화와 말이 남아 있다. 말은 그 사람을 구체화하여 떠오르게 한다. 그가 태어나 자란 환경과 학습, 수많은 경험과 사색의 집합체를 짐작하게 한다. 그렇기에 이는 개인에게 내재된 특유의 향기이자 개인의 철학이라 해도 무방할 것이다.

'당신은 어떤 말을 하고 있는가'라는 질문은 '당신은 어떤 사람인가'라는 궁극적인 질문과 맞닿아 있다. 우리는 사람을 어떻게 기억하고 판단하며 평가하는가? 면접에서는 그 짧은 시간 동안 나누는 질의응답을 통해 그 사람의 역량을 평가한다. 소개팅에서는 커피 한 잔을 마시는 시간 동안 나누는 대화로 상대방과 내가 잘 맞는 성향과 취향인지 가늠한다. 친구들과 술자리에서 주고받은 진솔한 이야기는 우리를 더 돈독한 관계로 만들기도, 혹은 관계가 멀어지게 하는 이유가 되기도 한다.

우리가 하는 말이 우리가 어떤 사람인지, 또 어떤 삶을 살아왔는지와 이어져 있을 수밖에 없는 이유다. "말 한마디가 천 냥 빚을 갚는다."는 케케묵은 속담이 말에 대한 진리를 담고 있다는 생각이 들 때가 있다. 말 한마디로 천 냥 빚을 면제해 줄 수 있는 이유는 결국 그 말을 던진 '사람' 때문이다. 마음에 와닿는 말을 던질 수 있는 사람이고, 또 진심을 담은 눈빛을 보내는 사람이고, 나와 값진 인연을 길게 가져갈 수 있는 '좋은' 사람이기 때문일 것이다.

말은 우리의 가치관을, 철학을, 이야기와 향기를 내뿜는다. 좋은 말을 하기 위해 매 순간 머릿속에서 공식에 따라 스크립트를 정리할 필요는 없다. 우리가 타인을 향해 좋은 말과 이야기를 꺼내기 위해서는 내면으로부터 좋은 향기를 풍길 준비가 되어 있으면 충분하다. 그리고 그 향기를 통해 내가 표현하고자 하는 이야기를 전할 수 있어야 할 것이다. 그리고 이는 바로 관계의 출발점이 된다.

좋은 말은 좋은 사람의 입에서 흘러나올 때 진정으로 향기롭다. 그래서 '말'에 대한 이야기를 하기에 앞서 먼저 질문하고 싶다. 당신은 어떤 사람이 되고 싶은가?

희망을 말하라, 우리를 구원하는 언어

신년이 되면 사주를 보러 가는 사람들이 많다. "내년에는 일이 안 풀릴 것 같으니 마음의 준비를 하세요."라든가, "저런, 건강이 안 좋아지겠네요." 같은 말을 듣고 싶어서 사주를 보러 가는 사람은 없을 것이다. 사주팔자나 점괘를 얼마나 신봉하는지와는 별개로 말이다. 어쩌면 우리가 내 삶의 발자취나 가치관을 전혀 알지 못하는 생판 남에게 굳이 새로운 한 해의 운세를 묻는 이유는 무언가 희망을 줄 수 있는 말을, 혹은 위로가 되는 말을 듣고 싶어서가 아닐까.

말은 보이지 않는 힘이 있다. 현실은 말이 그린 그림을 닮아간다. 두려워하는 것을 입 밖으로 꺼내면 두려움에 실체가 생긴 것처럼 느껴지고, 희미한 기대감을 언어로 빚어내면 그것이 실제로 성큼 가까이 와 있는 것 같은 기분이 든다. 월드컵 경기를 앞두고 상대 팀이 아무리 강팀이라 한들 '흥, 내가 알 바야?' 하고 짐짓 콧방귀를 뀌어보는 자신감이 우리 각자가 지니고 있던 실오라기 같은 희망을 굵은 매듭으로 묶어주며 힘을 갖게 되기도 한다.

당신이 하는 말은 상대에게 어떤 메시지로 전해지고 있는가? 나이가 들수록, 또 가정과 직장 그리고 사회에서의 존재감이 커질수록 우리의 말은 더 많은 사람에게 영향을 미치게 된다. 어쩌면 자신이 살아온 경험과 지식을 바탕으로 틀에 박힌 말만 반복하고 있지 않은가, 부정적인 말로 의욕적인 사람들의 열정마저 사그라지게 하고 있지 않은가, 한 번쯤 멈춰서 내가 하는 말이 주변에 어떤 영향을 미치고 있는지도 돌아볼 필요가 있다. 이 책이 당신이 지니고 있던 말의 향기를 되살리고, 필요하다면 앞으로 내뿜고 싶은 향기를 다시 조향調香하는 데 도움이 되기를 바란다.

말은 결국 듣는 사람을 향하는 것이다. 설득이란 결국 당신의 말이 상대의 변화와 행동으로 구체화될 때 완성된다. 우리가 공감 어린 말을 통해 궁극적으로 희망을 이야기하며 사람들의 가슴에 오랜 여운을 남길 수 있다면 그보다 좋은 말은 없을 것이다. 희망을 말하라, 당신이 소중하게 여기는 사람들을 향해서, 당신을 좋은 사람으로 기억하게 하고픈 모든 이들을 향해서.

1장

잘 대화하는 법에 대하여

소통의
시작

대저 토마토 키우기

아는 것을
말하기 위해서도
훈련이
필요하다

내가 살던 3층 주택의 옥상 텃밭에는 고추, 호박, 오이 등 갖은 채소들이 여름부터 가을까지 풍성하게 달렸다. 어느 해인가는 심지도 않은 감자가 줄줄이 나왔다. 얼씨구나 좋다며 감자 수제비를 만들었는데, 웬걸 고약한 냄새에 먹을 수가 없었다. 이상하다 싶어 같은 화분에서 자란 방울토마토를 따서 먹어보았다. 역시나 쓴 맛이 올라왔다. 원인은 양념이 된 음식물 쓰레기를 거름으로 준 탓이었다. 보통은 양념을 씻어내고 거름통에 흙과 같이 묻었다가 겨울이 지나 비료로 쓰게 되는데, 아버지가 실수하신 모양이었다. 땅과 거름에 따라 맛이 달라지는 식물처럼, 우리의 말도 이와 크게 다르지 않다.

우리가 일상에서 받아들이는 정보는 극히 제한적이다. 제한적인 주의 집중 능력이나 기억 용량을 효율적으로 제어하기 위해서는 두뇌의 능력을 요구하게 되는데, 최근에는 교육계를 비롯해 다양한 분야에서 이를 '메타 인지meta-cognition'라는 개념으로 정리해 언급하고 있다.

메타 인지는 마치 타인이 바라보듯 자신을 바라보는 또 다른 자신을 의미한다. 사전적으로는 '자신이 아는 것과 모르는 것을 자각하고 문제점을 찾아내 해결하며 스스로 학습 과정을 조절할 줄 아는 지능'이라고 정의된다. 여기에서 볼 수 있듯 이 능력은 '학습'에 초점이 맞춰져 있다. 학습의 측면에서 메타 인지 능력은 선천적으로 타고나기도 하지만, 훈련을 통해 발전시킬 수 있다는 것이 학자들의 지배적인 의견이다.

이 개념을 언어의 영역으로 가져온 김은성 아나운서는 메타 인지를 '상위 인지 능력'이라는 단어로 표현하고 '스피치를 할 때 스피치의 여러 요인을 통제하는 기제'라고 해석했다. 메타 인지를 단기 기억 능력으로 오해하는 경우가 있지만 스피치 차원의 메타 인지는 이를 더 명확히 할 필요가 있다. 메타 인지 스피치 meta-cognition speech는 체계적인 이해와 준비 그리고 꾸준한 훈련을 요한다. 그리고 이 능력이 일정 궤도에 오르게 되면 이후에는 말하기 이외에도 다양한 분야로 확장시킬 수 있다.

메타 인지 스피치는 ITOInput-Training-Output라는 세 단계를 거치는데, 이는 모든 식물이 열매를 맺는 과정에 비유할 수 있다. 옥상 방울토마토가 아닌 부산 대저동에서 나고 자라 전국으로 배송되는 대저 토마토를 가정하며 세 단계를 따라가보자.

Input(지식): 영양분과 수분을 빨아들이는 뿌리

전 세계를 통틀어 늦은 겨울부터 이른 초봄까지 단 한 곳에서만 재배되는 채소가 있다. 바로 부산시 강서구 대저동에서 생산되는 대저 토마토다. 대저 토마토의 특징은 여느 토마토와 달리 파릇하게 녹색 빛이 남아 있을 때 섭취해야 가장 본연의 맛을 즐길 수 있다는 것이다. 이때 먹으면 토마토에서 적당한 짠맛이 섞인 단맛이 난다. 토마토에서 짠맛이라니 의아할 수 있지만, 이는 지역의 특색에 이유가 있다. 대저동은 낙동강 지류에 위치해 있어 토양에 염분과 미네랄 성분이 많이 함유되어 있다. 이러한 토양 성분이 토마토의 맛에 영향을 미쳤고, 여타 지역에서 재배되는 토마토와는 다른 차별화된 맛을 선보이게 된 것이다.

스피치의 시작이라고 할 수 있는 지식의 축적도 마찬가지다. 어떤 지식의 토양에 뿌리를 내리고 어떤 이야기를 자양분으로 삼느냐가 결국 말의 품격을 결정한다. 경험과 학습은 사고의 재료가 된다. 직접 경험과 간접 경험을 통한 지식은 스스로가 일상에서 인지할 때 제대로 활용 가능한 스피치의 재료가 된다. 모든 이야기의 원동력은 지식에서 출발한다. 경험에서 오는 끊임없는 지식의 축적과 메모, 스크랩을 통한 지식의 확장이 필요한 이유다. 개인의 경험을 통해 쌓은 직접적 지식의 양은 한계가 있기 때문이다. 타인의 지식에서 아이디어를 구하는 행동은 또 다른 독창성의 시작이다.

의지만 있다면 주변의 수많은 IT 기기를 활용해 쉽게 메모하고 이를 저장할 수 있다. 내가 그중 가장 유용하게 사용하는 건 카카오톡의 '나에게 메시지 보내기' 기능이다. 책이나 TV, 라디오 등에서 유용한 내용을 보거나 들었을 때 혹은 주변인들과의 대화에서 좋은 인사이트insight를 얻을 때면 바로 메모를 해둔다. 신기하게도 어떤 주제에 대해 주의를 기울이고 관심을 두면 그와 연결고리가 되는 이야기가 어디선가 꼭 튀어나온다. 논어의 '삼인행필유아사三人行必有我師' 즉, "세 사람이 길을 걸으면 그중에 반드시 내 스승이 있다."라는 말은 그냥 나온 것이 아니었다. 귀를 열고 편견과 편협을 버리면 창작에 한 발 더 다가갈 재료들을 갖출 수 있다.

Training(훈련): 물관과 체관이 지나는 몸통

대저 토마토의 독창적 맛의 비결은 단지 지역과 토양의 특성 때문만은 아니다. 대저동은 낙동강 지류에 있어 항상 강이 범람해 수해를 입는 지역이었다. 이를 극복하기 위한 농부들의 피나는 노력이 없었다면 지역의 이름을 내건 농작물도 탄생할 수 없었을 것이다. 아무리 좋은 재료가 되는 경험과 지식을 갖춘 사람이라도 부단한 스피치 훈련 없이는 원하는 성과를 이룰 수 없는 것도 같은 이치다.

심리학자들은 성공적인 메타 인지 학습의 전략으로 '모니터링monitoring'과 '컨트롤control'을 꼽는다. 스피치의 측면에선 축적한 지식을 발화하는 과정으로 볼 수 있으며 가장 중요한 단계이기도 하다.

Output(발화): 풍성하게 달린 열매

대저동에서 재배되는 모든 토마토가 '대저 짭짤이 토마토'로 인정받는 것은 아니다. 소위 '단짠단짠'의 묘미를 선보이기 위해서는 대저 토마토의 당도가 8브릭스brix를 넘어야 한다. 그리고 풍성하게 달린 열매가 당도와 짠맛을 고루 갖추기 위해서는 물론 다양한 조건이 맞아떨어져야 한다.

지식을 기반으로 한 스피치 훈련이 어느 정도 성과를 내고 일정 단계에 이르면 이는 생각보다 큰 힘을 발휘한다. 대학 입학을 위한 면접이나 취직을 위한 인터뷰는 물론이고, 일상적인 대화와 대인 관계에도 영향을 미치며 결국에는 다시 향상된 학습 능력으로 돌아오는 선순환의 구조를 갖추는 것이다.

***

10년 전, 남양주시 오남리라는 작은 동네에 초청받아 초등학생을 대상으로 한 스피치 수업을 진행한 적이 있다. 처음 아이들에게 낯선 수업을 받게 하는 부모들의 시선에는 의구심이 담겨 있었다. 굳이 말하기 훈련을 따로 할 필요가 있을지에 대한 의문이기도 하고, 다른 수업을 줄이면서까지 돈을 내고 받는 스피치 훈련이 아이들의 성적과 진학에 도움이 될지에 대한 합리적 궁금증이기도 했다.

인간의 기억이란 일종의 '이야기 덩어리'다. 문서 파일처럼 차곡차곡 쌓여있는 기억 중에서 필요한 기억을 찾아 쓰기 위해서는 일종의 스위치가 필요하다. 자동차 엔진이 움직이도록 불꽃을 내는 점화코일과 같은 역할이라고 보면 된다. 이를 위해서 인간은 '단서'를 사용하는데, 교육 심리학에서는 이를 'cue'로 표현한다. 그러나 특정 단서 하나에만 집중한다면 원하는 결과를 내기 어렵다. 그 단서를 중심으로 한 종합적 기억의 연결이 필요한 것이다.

옛 소련의 심리학자 레프 비고츠키Lev Vigotsky는 어린이가 어른의 행동과 언어를 모방하며 자신의 지적 세계를 넓히는 과정을 "지식의 무의식적인 획득"이라 했다. 어린아이의 기억이나 지식은 어른에 비하면 많다고 할 수 없지만, 그렇다고 무시할 만한 양은 아니다. 특히 요즘 아이들은 수많은 미디어와 휴대폰을 통해 다양한 간접 경험과 지식을 접하고 있다. 다만 어린 시절에는 경험을 통한 체득이나 지식의 획득에 대해 좋고 싫음이나 유용성 여부를 판단하지 못한다. 그 기억을 유기적으로 이어 줄 점화 장치나 단서가 부족하기 때문이다.

나는 이에 착안해 다양한 분야의 과제를 내주기 시작했다. 예를 들면 가수 고故 신해철의 노래 〈날아라 병아리〉를 듣고 감상을 적어오게 한 후, 수업에서 '죽음'이라는 주제로 즉흥 스피치를 하는 식이었다. 아이들은 자신이 보고 느꼈던 죽음에 대한 이미지와 노래 가사에서 얻은 지식을 바탕으로 자신만의 언어를 사용해 표현하는 놀라운 능력을 보여주었다. 심지어 어떤 아이는 자신의 생각을 말하다가 눈물을 흘리기도 했다. 이런 변화는 그들의 학습 능력 향상으로도 이어졌다.

지식의 양은 나이가 들수록 늘어날 수밖에 없다. 그러나 지식의 발화라는 측면에서 보면 단지 성인이라고 해서 더 뛰어난 것은 결코 아니다. 대학에서 조를 짜 발표 수업을 하면 실제 발표는 항상 정해진 친구 한둘이 전담한다. 아나운서를 하겠다는 친구들을 모아두고 즉흥 스피치를 제안하면 난색을 표하며 서로 순서를 미루기 일쑤다. 심지어 대학 교수들조차 그들의 학문을 언어로 풀어내는 데는 어려움을 느끼는 경우가 많다. 물론 일상생활에서 원활한 대화를 어려워하는 이도 부지기수다.

당신도 이 중 하나에 해당한다고 생각하는가? 그렇다면 우리는 이제 어떤 토양에 뿌리를 내릴 것인지 선택하고, 이를 자양분 삼아 열매를 맺어야 한다. 생산자와 소비자 모두에게 이익을 안길 수 있는 열매의 당도는 말하기 훈련의 정도에서 결정된다. 각자의 대저 토마토를 키워보자.

1장 잘 대화하는 법에 대하여

첫인상과
앵커

내가 닻을
내리는 곳이
곧 나라는
사람이 된다

지난 2012년 석사 논문을 쓰며 한 가지 실험을 진행했다. 남녀 각 2명씩 모두 4명의 취업 지원자를 섭외하여 이들에게 각각 두 개의 답변을 미리 작성해 숙지시켰다. 이를 면접 상황으로 연출해 영상으로 촬영한 뒤, 서로 다른 청중 집단에게 보여준 후 설문을 실시했다. 질문은 '해당 회사를 지원한 동기와 살아오며 어려움을 극복한 기억'이었다. 다음은 두 지원자의 답변을 축약한 내용이다.

A: 제가 이 회사에 지원한 이유는 어떤 대기업에도 뒤지지 않을 만큼 희망과 비전을 가진 회사! 바로 제가 살아온 모습과 닮았기 때문입니다. 넉넉하지 못한 집안에서 자라며 제가 해야 할 일은 꿈을 잃지 않는 것이라고 생각했습니다. 학교에 도시락을 싸 갈 여력조차 없었지만, 빈 음악실에서 틈틈이 혼자 공부하며 저는 반에서 상위권의 성적을 낼 수 있었습니다. 제 희망이 만들어낸 작은 성공, 전 어느 분야에서건 꿈을 가진 사람만이 기적을 만들어낼 수 있다고 믿습니다. 현실을 탓하기보다 작은 행복을 찾고 어떤 상황에서도 나를 잃지 않고 살아왔습니다.

B: 제가 이 회사에 지원한 이유는 최고는 아니지만 어떤 대기업에도 뒤지지 않는다는 근성을 가진 회사! 바로 제가 살아온 모습과 닮았기 때문입니다. 찢어지게 가난했던 집안에서 자라며 제 자신을 지켜낼 수 있는 것은 저의 힘뿐이라고 생각했습니다. 태권도를 배울 돈조차 없었지만, 학교 뒤편에서 틈틈이 한 운동으로 몸을 다지고 결국 학교 싸움 '짱'까지 될 수 있었습니다. 세상은 못난 자에게 냉혹하다는 것을 깨닫고 오기와 깡으로 그렇게 저를 지키기 위해 싸워왔습니다.

어떤 차이점을 발견했는가? 첫 답변은 긍정적 자기 노출을 한 경우다. 어려운 현실을 바라보는 태도와 극복해가는 과정에서 자기 자신과 상대방에 대해 호의적이며 사회적으로 바람직한 방향을 취하고 있다. 반면 두 번째의 부정적 자기 노출의 경우, 자기 자신과 상대에 대해 비호의적이며 사회적으로 바람직하지 못한 방향으로 설정했다. 그리고 이 차이를 극명하게 보이기 위해 '희망과 비전', '꿈', '기적', '교훈', '성실', '행복' 등의 표현에 대비해 '근성과 오기', '찢어지게 가난', '싸움 짱', '못난 자', '냉혹', '오기와 깡' 등의 단어를 배치했다. 현실을 바라보고 대하는 태도와 자세를 긍정형보다 부정형의 형용사와 수식어로 구성한 것이다.

사실 두 실험자 간에는 외형적 매력의 차이, 즉 외모에 대한 타인의 평가에 우열이 존재하는 상황이 전제되고 있었다. 첫인상에서 지배적인 고려 요소인 외부 요소와 스피치의 상관관계를 보기 위해서였다. 그 결과 외형적인 매력도와는 상관없이 부정형의 자기소개와 답변을 했을 경우 호감도와 신뢰도가 모두 하락했다. 첫인상에서 외모가 주는 긍정적인 영향력이 화자의 초반 스피치 내용에 따라 상쇄됨을 보여주는 결과다.

***

첫인상은 상대방이 당신을 대하는 태도를 형성하며, 이는 상당한 파급력을 갖는다. 그리고 이를 바꾸는 데는 부단한 노력과 시간이 필요하다. 상대와의 첫 만남과 대화가 중요한 이유다. 철강 회사의 영업사원이 첫 만남에 그저 습관처럼 명함을 건네며 "안녕하세요. OOO입니다. 처음 뵙겠습니다." 하는 것과 "어떤 경우든 원하는 철강재를 필요한 시간에 공급해 드리겠습니다. OO제강 OOO입니다."라고 하는 것은 하늘과 땅 차이다. 청중이 궁금한 것은 당신의 이름이 아니다.

보통 면접에서 자기소개를 가장 첫 질문으로 던지는 것은 그것이 '초두 효과primacy effect'를 만들어낼 수 있는 중요한 기회이기 때문이다. 처음 접한 강력한 정보가 전체 이미지에 영향을 준다는 의미다. 맛집들이 너도나도 어필하는 '원조' 간판이나 어느 TV 프로그램에 소개되었다는 현수막 사진 등을 보면 더 맛있을 것 같다는 기대감이 생긴다. 카카오톡이나 페이스북의 프로필 사진 역시 SNS상에서 누군가를 접할 때 보게 되는 첫 이미지다. 소위 인생 사진이라 하는 잘 나온 사진을 프로필에 올리는 심리도 여기에 기인한다.

얼굴의 잡티를 지워내고 뽀얗게 화장까지 해주는 앱처럼 우리의 언어도 정갈하게 만들어주는 번역기가 있으면 얼마나 좋을까? 안타깝게도 현실은 당신의 부단한 노력만을 요구한다. 그리고 그 노력의 중심에는 항상 청자가 있어야 한다.

초두 효과를 성공적으로 이용한 사람으로 미국의 트럼프 대통령을 꼽을 수 있다. 트럼프는 정치인이기보다는 기업가이며, 훌륭한 설득 전문가다. 대통령 후보로 나선 뒤 수많은 방송과 유세 현장에서의 모습이 이를 증명했다. 트럼프는 대선 후보 시절부터 미국이 이기는 싸움을 하는 게 중요하다고 주장했다. 그리고 자신을 둘러싼 추문과 미천한 정치 이력을 단번에 잠식시키고 전무후무한 캐릭터의 대통령으로 이미지를 만들어 청중과 미국인들의 초점을 돌리는 데 성공했다. 이는 자신을 둘러싼 부정적 이미지의 장벽(심리적 장벽)이 놓인 지점을 떠나 새로운 곳에 전혀 다른 이미지를 구축하겠다는 전략이다.

대표적인 사례가 멕시코 국경에 장벽(물리적 장벽)을 세우겠다는 공약이었다. 현실적으로 물리적 여건과 국가 예산을 고려했을 때 멕시코 국경 전체를 단단한 콘크리트로 다 막을 수는 없는 노릇이다. 언론이 이 공약에 대해 비판을 쏟기 시작하며 자연스럽게 트럼프를 둘러싼 의혹은 미국 안보라는 더 큰 이슈로 옮겨갔다. 또한 애국과 안보라는 프레임은 자연스럽게 공화당 후보인 트럼프의 이미지와 동일시되었다.

곧 그가 미국인들의 안보에 대한 반응을 유발하기 위해 멕시코 국경 장벽이라는 특정 자극을 전략적으로 사용했다는 사실이 드러났다. 정작 대통령으로 당선된 이후 그 장벽은 생각보다 훨씬 적은 예산으로 조성되었다. 사람들이 머릿속에 그렸던 만

리장성과 같은 성벽이 아니라 철조망과 감시 카메라 위주의 다소 단출한 분리 철조망 수준이었다. 그럼에도 사람들의 마음속에 있던 트럼프에 대한 부정적 심리 장벽은 멕시코 국경에 물리적 장벽을 세우며 안보 대통령이라는 긍정적 이미지로 탈바꿈하게 됐다. 방송 연설 한 번에 이슈 선점과 '앵커링 효과anchoring effect'를 모두 취한 트럼프의 설득력이 빛을 발하는 순간이었다.

***

흔히 뉴스 진행자를 앵커라고 한다. '앵커anchor'는 용어의 뜻 그대로 '닻'을 의미한다. 조류나 파도에 배가 쓸려가거나 좌우로 흔들리지 않도록 바닥에 단단히 내리는 갈고리 모양의 쇳덩이가 바로 닻이다. 이는 좌우左右와 찬반贊反 어느 한쪽에 치우치지 말고 중심을 지키라는 일종의 지침인 셈이다.

또한 닻을 중심으로 배의 이동이 극히 제한되듯 '앵커'라는 단어에는 행동이나 사고 반경이 제한된다는 의미도 있다. 사람들은 보통 자신이 가치를 두는 방향으로 판단하거나 스스로에 유리한 기준에 따라 어떤 일을 결정한다. 반면 가치 판단을 내리기 모호하거나 아직 의사 결정을 하지 못한 일에 대해서는 무의식적으로 처음 주어진 조건을 기준으로 삼는 경우가 많다. 그래서 행동주의 심리학에서는 특정 반응을 노리고 기준점을 적용하는 것을 '앵커링anchoring'이라고 한다. 넓은 범주에서 교육이나 치료, 그리고 자신과 상대의 변화를 목적으로 앵커링을 활용하기도 한다. 또한 그 외에도 비즈니스나 마케팅, 심지어 개인이 누군가를 대하고 판단할 때에도 광범위하게 일어나는 현상이다.

사람들의 이런 심리를 이용해 좌판 위의 뛰어난 장사꾼은 애초에 5천 원인 목도리의 가격을 1만 원이라고 써 붙이고는 덤으로 하나를 더 주거나 금액을 깎아주는 전략적 선심을 쓴다. 편의점에서는 두 개를 사면 하나를 더 준다는 2+1 상품에 한 번 더 손이 가기 마련이다. 네 캔에 만 원인 편의점 수입 맥주에 익숙해지면 어느새 마음속에 맥주 2리터가 1만 원어치라는 기준이 형성된다. 이렇게 암묵적인 가격 기준이 생긴 뒤에는 한 잔에 만 원인 수제 맥주는 선뜻 주문하기 어려워진다. 이 때문에 정작 제품 간의 퀄리티 비교나 개인의 선호도는 뒷전이 되기 쉽다.

내 주변 사람들은 내가 하는 말을 대부분 의심 없이 진실로 받아들인다. 아마 내가 뉴스 앵커로 이십여 년 가까이 살아온 이력 때문일 것이다. 과거에는 TV와 신문의 영향력이 컸기에, 앵커와 기자에 대한 신뢰도가 높았다. 나 스스로도 첫인상을 고민할 필요가 없었고, 어떤 이슈에 닻을 내려야 할지 고민할 필요 역시 없었다. 그러나 이제 세상은 그렇지 않다. 앵커인 나 역시 닻을 명확히 내리고 흔들리지 않는 사람인지 항상 의심받는다. 하물며 개인은 어떨까?

어디에 닻을 내릴지 스스로 전략적으로 선택하고 꾸준히 실천하라. 때로는 흔들리겠지만 자신의 길에서 크게 벗어나지 마라. 그게 당신의 첫인상을 좌우하고 이미지가 되며 타인이 당신을 판단하는 기준이 된다.

자, 당신은 어디에 닻을 내릴 것인가?

그 말이 왜
여기서 나와

관계 형성을 위한
자기 노출에는
단계가 있다

　　　　　　　　　　과거에는 학교에서 지금이라
면 상상도 못 할 일들이 많이 일어났다. 내가 초등학생일 때는
'가정 환경 조사서'라는 것이 있었다. 부모의 학벌과 직업을 적
는 것은 물론이고 거주 형태가 자가인지 전세나 월세인지, 또 동
산과 부동산 등의 재산 수준까지도 적어 내야 했다. 심지어 어떤
담임 선생님은 교실에서 "집에 자동차 있는 사람 손 들어!", "집에
티비 있는 사람 손!" 등을 물으며 공개적으로 조사를 하기도 했
다. 매 학년 반복되는 가정 환경 조사는 두려움과 자괴감이 공존

하는 시간이었다. 친구들 앞에 발가벗겨져 온몸이 노출된 듯한 수치심이 느껴지기도 했다.

그런데 어떤 사람들은 자신이 겪은 불행한 경험을 당당하게 세상에 드러내기도 한다. 오프라 윈프리Oprah Gail Winfrey도 자신이 겪은 과거를 대중에게 가감 없이 노출하며 오히려 자신감을 얻는 장치로 활용했다. 사생아로 태어나 6살까지 할머니와 살았고 감자 포대로 옷을 지어 입을 만큼 가난했다. 아홉 살에 사촌 오빠와 친척, 심지어 엄마의 지인에게 성폭행을 당했고 열네 살엔 아빠가 누군지 모를 아이를 임신했다. 한때 마약에 빠져 지냈던 과거까지도 모두 자신의 입을 통해 세상에 알려졌다. 자신의 아픈 과거를 밝힌 그녀는 스스로의 자신감에 대해 "기꺼이 약해지고자 하는 의지에서 나온다."고 말했다.

심리학자들은 오래전부터 사람들이 서로에게 드러내는 개인적인 정보에 관심을 가져왔다. '자기 노출self-disclosure'은 우리 자신에 대한 정보를 자발적, 능동적으로 드러내어 타인과 공유하는 것을 의미한다. 이는 보이지 않는 서로 간의 벽을 좁히거나 낮추는 역할을 한다. 그러나 많은 사람들이 자신의 사적이고 은밀한 부분을 드러내는 것에서 부담을 느끼는 것도 사실이다. 나의 내밀한 정보를 알렸을 때 예상되는 부정적 반응이나 상대와 불편하고 서먹한 관계가 되는 것을 걱정하기 때문이다. 타인의 반응에 대한 마음을 담은 자기 노출의 예시는 아래의 두 가지 글 귀에서 확인할 수 있다.

"종이는 참을성이 있다는 것엔 의심의 여지가 없다. 나는 진정한 친구를 만나기 전까지는 이 두꺼운 표지의 일기장을 아무에게나 보여 줄 마음이 없는데, 이런 것에 누가 신경이나 쓰겠는가. 그리고 지금 내가 일기를 쓰는 근본적인 이유는 내게 진정한 친구가 없다는 사실 때문이다" – 안네 프랑크,《안네의 일기》中, 범우사(2021)

"다시 그대에게 부치지 못할 편지를 쓴다. 쓰는 행위는 나를 살리고자 하는 노력이고 부치지 않음은 그대를 평안케 함이다. 시간이 큰 강으로 흐른 후에도 그대는 여전히 내 기도의 주인으로 남아 내 불면을 지배하는 변치 않는 꿈이니 나의 삶이 어찌 그대를 잊고 편해지겠는가." – 김흥숙,《그대를 부르고 나면 언제나 목이 마르고》中, 서해문집(1991)

《안네의 일기》속 내용과 김흥숙 시인의 시 구절이다. 일기는 다른 사람에게 보여주지 않음을 전제로 한 글이고, 시는 개인의 마음을 담았으나 타인에게 보여줄 목적이 분명한 글이다. 그러나 두 글에는 공통점이 존재한다. 하나는 '자기 고백적' 특성을 지닌다는 것이다. 안네 프랑크의 일기는 많은 사람들이 알다시피 전쟁 중 유대인 학살의 두려움 속에 써내려간 글이다. 김홍숙 시인의 시는 헤어진 연인에 대한 그리움이 잘 담겨있다. 두 글의 또 다른 공통점은 자기 노출의 '이중적인 면'을 잘 보여준다는 점이다. 자기 고백적 내용에 대한 청자의 무관심이나 거부 반응에 대한 두려움을 느끼는 동시에 관계에서 자신의 존재를 확인하고자 하는 기능적 측면도 있다. 이는 자기 노출의 가장 중요한 특성이다.

***

자기 노출은 언어적 메시지를 통해 자신을 드러내는 세밀한 과정이다. 여기서 우리가 주목해야 하는 점은 스스로 노출한 정보로 인해 돌아올 반응과 결과에 대한 책임이 전적으로 자신에게 있다는 점이다. 자기 노출은 그 내용에 따라 세 가지 측면을 살펴볼 수 있다.

하나, 영역의 측면이다. 심리학자 조셉 루프트Joseph Luft와 해리 잉햄Harry Ingham의 '조하리의 창Johari's window' 이론에 따르면 사람들이 자신에 대해 노출하는 정보는 다음과 같이 네 가지

1장 잘 대화하는 법에 대하여

로 나뉜다. 자신에게도 남에게도 열려 있는 영역, 자신은 모르는 영역, 다른 사람은 모르고 자신만이 알고 있는 영역, 그리고 아무도 모르는 영역이다.

둘, 방식의 측면이다. 이는 서술적 자기 노출과 평가적 자기 노출로 나눠볼 수 있다. 소개팅 초반 서로를 알아가는 단계에서 "주량이 어떻게 되세요?"라고 물었는데 "잘 마시진 않지만, 소주 한 병 정도는 마실 수 있어요."라고 답했다면 이는 서술적 측면이다. 같은 맥락에서 "형제는 어떻게 되나요?"라는 질문에 "3남매 중에 누나가 둘이 있고, 저는 막내입니다."와 같이 답하는 것도 마찬가지다. 즉 자신에 대한 정보와 사실 위주의 공개라고 보면 된다. 반면 평가적 자기 노출은 말 그대로 개인적인 감정, 의견, 판단을 표현하는 것이다. 주량을 물었을 때 "맥주는 배가 불러서 전 소주를 좋아해요."라고 말하거나, 형제를 물었을 때 "전 누나밖에 없어서 형이나 남동생을 둔 친구들이 부럽더라고요."라고 말하는 건 평가적 자기 노출이다.

셋, 관계의 측면이다. 자기 자신에 대해 공개하는 '개인적 자기 노출'인지, 상대와의 관계나 상호작용에 대해 공개하는 '관계적 자기 노출'인지에 따라 나누어볼 수 있다. 자기 노출적인 메시지가 전해졌을 때 이를 받아들이는 사람은 메시지의 정보 자체뿐 아니라 서로의 관계나 말하는 이의 특성, 의도, 관련된 상황까지 복합적으로 고려해 반응하게 된다. 이러한 특징 때문에 자기 노출의 메시지와 관계의 본질은 서로 영향을 주고받는다. 앞서 예시로 들었던 소개팅을 생각해보면 초면인 이성과의 만남을 통해 새로운 연인을 만나는 것이 목적인 자리이다. 그래서 이 자리에서 나누는 대화는 상대방에 대한 정보를 토대로 관계를 발전시킬지 여부에 따라 노출하는 내용이 달라진다. 앞으로 많은 일상과 감정을 공유할 만한 사람인지 파악하기 위해 서로의 말에 집중하고 분석하기 바쁘다.

우리가 경험하는 인간관계는 진행 단계에 따라 여러가지 양상을 띄기 마련이다. 이는 마치 등산과도 같다. 등산을 준비할 때는 벌써 설렌다. 완만한 경사의 산 초입을 지날 때까지는 휴일에 침대에서 빈둥거리는 대신 산에 오길 잘했다는 생각이 든다.

관계에서도 마찬가지다. 관계의 초기 단계에서 서로 간의 노출은 가볍고 제한적이다. 개인적인 이야기는 줄이고 판단과 느낌도 가급적 배제한다. 대신 인기 있는 드라마나 사회적 이슈, 심지어 날씨를 주제로 하는 '스몰 토크small talk'를 주고받으며 어색한 분위기를 깨는 데에 집중하게 된다. 등산에 대한 열정과 체력이 충만해 마음이 가벼운 시점이라고 할 수 있겠다.

다음 단계는 소위 호구조사다. 나이와 혈액형, 가족 관계 등 인구 통계학적인 정보나 취미, 취향 등을 물으며 서로 유사성을 찾기 시작한다. 여기에서 중요한 것은 수위 조절이다. 아직 올라야 할 산이 한참 높은데 오버페이스는 금물이라는 걸 기억해야 한다. 너무 앞서나간 자기 노출이나 매우 개인적인 정보는 자칫 장애가 될 수 있다. 서로 간의 유사성을 발견하는 과정에서 중요한 점은 수위 조절이다. 친밀도가 충분히 쌓이지 않은 상태에서의 부정적인 자기 노출이나 매우 개인적인 정보의 노출은 다음 단계로 넘어가는 데 장애가 될 뿐이다.

세 번째 단계에서는 언어의 범위와 깊이가 더해지며 말의 내용뿐 아니라 표정이나 행동과 같은 비언어적 표현과 함께 미세한 감정의 신호를 주고받는다. 그리고 9부 능선이라는 막바지 단계에 이르면 자기 노출의 언어는 더 내밀해지고 서로의 사람들을 소개하며 그들로부터 관계를 확인받는다. 연인으로 치자면 서로를 친구들에게 소개하고, 그들 역시 두 사람을 공식적 연인으로 인지하는 단계다. 젊은 커플들이 옷이나 신발, 더 나아가 반지를 나눠 끼며 서로의 관계를 공고히 하려는 욕구가 절정에 달하는 때라고 할 수 있겠다.

마지막은 이제 정상에 오르는 단계다. 전 세계 대부분의 연인은 결혼식이라는 일종의 선언 과정을 거쳐 관계의 결합을 완성한다. 이처럼 만남이 이어지며 서로에 대한 불확실성은 낮아지고 이에 따라 자연스럽게 지극히 개인적인 영역을 공유하는 것이 인간관계다. 물론 모든 관계가 깊어지거나 친밀해지는 것은 아니며, 관계는 마치 등산처럼 오르막과 내리막의 필연적 과정을 따라 움직인다.

이 때 주의할 점은 자기 노출의 단계에 따른 수위 조절에 실패할 수 있다는 점이다. 첫 만남의 자리는 이제 시작하는 단계다. 혹여 첫 만남에서 서로가 첫눈에 호감을 느껴 두 번째 다시 만나는 자리라 해도 부적절한 자기 노출은 피할 수 있도록 주의해야 한다.

등산길에 오르막이 있으면 내리막도 있듯, 관계를 발전시키는 때가 있다면 관계가 쇠퇴하는 때도 있다. 관계가 발전하는 단계와 이에 대응되는 쇠퇴기의 단계는 극명한 차이를 보인다. 이별이 쇠퇴기에 접어든 관계는 발전 단계에 비해 훨씬 단순하고 획일화된 모습을 보이는데, 그 이유는 자기 노출의 과정이 스피치를 통해 서로의 정보를 주고받는 과정이기 때문이다. 상대와 어떤 관계로 발전할지 결정할 때, 사람들은 원하는 바를 이루기 위해 어떤 정보를 주고 받을지 상호 능동적이고 적극적인 '정보 추구자'가 된다. 그러나 침체 단계에 접어든 관계 당사자들은 이미 서로에 대해 필요한 정보는 다 알고 있으니 새삼 새로운 정보를 구할 필요는 느끼지 못한다. 즉 '정보 회피자'가 되는 것이다. 연인 사이의 싸움이 잦아지며 쇠퇴기에 접어들면 관계 발전 단계에서 노출했던 정보가 부메랑처럼 상대의 무기가 되어 돌아오기도 한다. 그래서 이 단계에 다다른 사람이 나누는 대화 같지 않은 대화 중에 가장 많이 쓰는 표현이 바로 이것이다.

"그 말이 왜 여기서 나와!"

너와 나의
연결고리

내 마음속 그림을
정확하게 전달해주는
도구를 이용하자

일명 '정보 리터러시information
literacy'라 불리는 새로운 능력은 단순히 필요한 정보를 인터넷과
유튜브의 망망대해에서 찾아내는 것을 넘어, 관리와 가공 그리
고 분석까지 해내는 과정을 의미한다. 그리고 마지막으로 이를
시각화하는 능력을 요구한다. 이처럼 연상은 독창성의 뿌리가
되고, 새로운 것은 사람들의 관심을 끈다. 그리고 이 새로운 것
이 상대를 자극하는 연쇄 반응으로 이어질 때, 비로소 우리는 이
를 설득이라 부른다. 이를 위해선 세 가지가 필요하다.

첫째, 단서를 발견할 마음의 준비다. 코난 도일Arthur Conan Doyle의 추리소설 속 인물인 셜록 홈즈는 남들이 알아보지 못하는 단서를 바탕으로 추리력을 발휘해 문제를 해결해 나간다. 그의 수많은 능력 중 하나는 관찰에 있다. 사람들이 눈으로 보고 쉽게 지나쳐버릴 때, 그는 보이는 것이 의미하는 정보를 차곡차곡 머리에 쌓아둔다. 가치가 없어 보이는 것에 가치가 부여되는 순간이다. 관찰은 사람과 세상에 대한 관심에서 시작된다.

둘째, 이를 통찰력으로 연결할 수 있는 구체적인 생각의 연습이다. 나는 아나운서를 지망하는 학생들에게 매 수업마다 자기소개를 새롭게 준비해 오라고 주문한다. 단, 자신의 이야기를 하되 개인의 역사를 나열하지는 말라고 조언한다. 현재와 앞으로의 자신에 집중하라고 말이다. 매번 새로운 자기소개에 대한 부담이 극에 달한 순간 그들은 마침내 자신의 주변을 살피기 시작한다. 그리고 단서를 발견하여 자신과 연결하는 고리를 찾는 단계로 발전한다.

"방송은 데이트다."

아나운서 지망생 중 항상 밝은 표정을 하고 다니던 B는 어느 날 자기소개를 해보라고 하니 대뜸 "저와 데이트하실래요?"라는 뜬금없는 선전포고를 날렸다. B가 그 이후로 이어간 자기소개는 바로 앞선 첫 문장을 설명하는 과정이었다. '데이트'라는 단어에서는 보통 '연인', '기다림', '설렘', '사랑' 등의 행복한 단어들이 연상된다. 진행자가 매일 방송에 임할 때 '데이트'하듯 시청자를 대한다면 이보다 더 좋은 방송이 있을까. 방송에 데이트를 비유했을 때 이는 '기다림'과 '설렘', 그리고 '즐거움'이라는 공통적인 감정으로 연결된다.

마지막은 스토리텔링과 시각화를 기반으로 한 스피치 훈련이다. 설득의 대상에게 시각화된 정보를 제공하고 그들의 연상을 자극하기 위해서는 먼저 당신의 머릿속에 명확한 메시지를 그릴 수 있어야 한다. 시각화는 설득에 필요한 최고의 도구다.

그리고 이 시각화를 가장 효율적으로 이룰 수 있는 언어의 수사적 비유법은 바로 은유다. 은유는 보조적인 개념을 더해 말하고자 하는 사물이나 사안을 드러내는 방식으로, 앞서 얘기한 "시각화는 설득에 필요한 최고의 도구다."라는 말도 은유다. 은유법은 표현하고자 하는 대상인 원관념과 이를 보조적으로 표현하는 개념인 수식어로 구성되는데, 이 문장에서 '시각화'는 원관념이 되고 수식어인 '최고의 도구'가 보조 개념인 셈이다. '진달래꽃은 봄의 전령사', '실패는 성공의 어머니'처럼 우리가 흔히 사용하는 수사적 표현도 이에 해당한다.

1장 잘 대화하는 법에 대하여

은유의 진정한 면모는 낯선 의미를 낯익게 만드는 능력이다. 추상적인 것을 구체적인 것으로 정의하고 설명하는 과정이기 때문이다. 모든 사회에는 그 사회가 공유하는 가치가 존재하고, 은유는 추상적 개념을 사회적 가치에 부합하는 구체적인 경험으로 구현한다. 사람들은 각 사안에 대해 각기 다르게 지각하고 이는 서로 다른 판단과 행동으로 이어지는데, 이 장벽을 낯추는 방법 중 하나가 은유다. 아리스토텔레스가 범접할 수 없는 능력이라 표현한 것도 은유의 중요성을 역설하는 것이리라. 그리고 언어를 배우듯 은유는 학습을 통해 취할 수 있는 능력 중 하나이기도 하다.

은유가 가진 힘은 단순 시각화를 넘어 자신의 언어를 이미지화하는 데 있다. 신화 속 은유의 이미지들이 대표적이다. '이카루스의 날개'는 인간의 덧없는 욕망을 상징하고, '미다스의 손'은 하는 일마다 성공을 거두는 사람을 칭한다. 철학자들의 통찰은 또 어떤가. '데카르트의 전능한 악마'는 어떤 경우에도 진실일 수밖에 없는 절대 진리를 발견하는 가설이며, '플라톤의 동굴'에서는 그림자로 대변되는 가상세계에 매몰돼 이데아로 불리는 진실의 세계를 깨닫지 못하는 인간의 우매함을 지적한다. 이 밖에도 '애덤 스미스의 보이지 않는 손'과 '마르크스의 유령' 등까지 다방면의 학자들이 사랑해온 시각화 도구가 바로 은유다. 하나의 은유는 이미지화를 통해 하나의 사유 체계와 철학까지도 보여준다.

*＊＊

오랜만에 만난 친구가 이런 질문을 던진다고 가정해보자.

"아이가 벌써 많이 컸지?"
"응, 나를 닮아서인지 또래보다 키가 크네."

혹시 요즘 3살 정도 된 아이들의 키가 어느 정도인지 아는
가? 대략 어느 정도인지 가늠이 된다 해도 평균보다 크다면 과연
얼마나 크다는 것인지 머릿속에 잘 그려지지 않는다. 만약 내가
이렇게 대답했다면 어땠을까?

"응, 나를 닮아서 키가 또래 아이들보다 커. 까치발을 세우면
식탁 위에 있는 그릇이며 냄비에도 손이 닿아서 놀란다니까."

어떤가? 식탁에 매달려 있는 아이가 떠오르지 않는가? 정확
히 몇 센티미터인지는 모르지만, 각자의 머릿속에 그려진 아이
의 키에는 아마 큰 차이가 없을 것이다.

1장 잘 대화하는 법에 대하여

적절한 비유와 묘사는 단순히 특정 이미지를 왜곡 없이 전하는 수준을 넘어 때로는 철학과 교훈을 효과적으로 전달하는 수단이 되기도 한다. 사람의 일생을 빗댄 비유 중 내가 가장 좋아하는 비유는 등짐에 담긴 검은 돌과 흰 돌 이야기다. 모든 인간은 행복을 상징하는 흰 돌과 불행을 암시하는 검은 돌이 같은 수로 들어있는 가방을 등에 지고 태어난다는 것이다. 인생을 살며 검은 돌을 집어 들어 불행한 일을 겪을 때는 언젠가 집어낼 흰 돌을 생각하며 희망을 가지고, 흰 돌을 연이어 집어 들어 행복한 일이 넘친다면 검은 돌이 나올 때를 대비하는 지혜를 겸해야 한다. 영화 〈포레스트 검프〉에서도 이와 비슷한 철학이 담긴 대사가 등장한다.

"엄마가 늘 말씀하시길 인생은 초콜릿 상자와 같은 거라고 하셨어요. 어떤 초콜릿을 먹을지 모르니까요."

비유는 묘사와 어우러질 때 하나의 메시지로 완성된다. '묘사하다'라는 단어는 원래 '그림을 그린다'와 동의어다. 그러나 현재는 '모습을 말로 나타낸다'는 의미가 더 강화됐다. 당신의 마음속에 떠오른 것과 같은 모습을 상대의 마음에도 똑같이 떠오르도록 말로 표현한다는 뜻이다. 그림이 단순히 사물을 보여주는 것에 그친다면 적절한 비유를 동반한 묘사는 상대에게 철학과 의미까지도 전달한다. 다만 묘사를 동반한 비유가 성공적인 메시지로 작용하기 위해선 다음의 조건이 필요하다.

첫째, 나도 상대도 아는 사물이어야 한다.
둘째, 그 은유가 전달하려는 메시지에 적절해야 한다.
셋째, 시각 언어를 통해 생생하게 표현돼야 한다.

인생을 사는 데 필요한 지혜를 전하는 다음 이야기는 이 세 가지 규칙을 충실히 반영한다.

사람 머리만 한 빈 유리병을 하나 준비하라. 그리고 이 병에 채울 골프공과 조약돌 그리고 모래를 준비한다. 어떻게 하면 가장 많은 양을 효율적으로 병에 담을 수 있을까? 세계적인 베스트셀러 《성공하는 사람들의 7가지 습관》의 저자이자 경영학자 스티븐 코비Stephen Richards Covey는 이를 개인의 삶을 구성하는 다양한 요소들이 갖는 의미의 크기로 비유한다. 골프공은 10년 뒤에도 의미를 주는 항목으로, 건강이나 가족, 꿈, 종교, 가치관 등이 해당한다. 조약돌은 1년 남짓 의미가 있는 것으로, 취미나 운동 그리고 어떤 차를 타며 어떤 집에서 살 것인지 등의 요소들이다. 끝으로 모래알은 현재 자신에게 가치있는 것이다. 유튜브 시청이나 인스타 사진 올리기 혹은 쇼핑과 여행 등 당장 즐거움을 주는 활동들로 볼 수 있다.

물리적인 측면에서나 개인사의 가치 측면에서나 답은 정해져 있다. 골프공처럼 큰 것을 먼저 넣고 이어서 조약돌을 넣은 뒤 마지막으로 모래를 채워야 빈틈을 최대한 줄이고 알차게 유리병을 채워넣을 수 있을 것이다. 인생에서 가장 중요한 가치인 가정이나 가족, 건강과 꿈 등을 먼저 챙겨야 그 외의 소소한 즐거움도 담을 수 있다는 이야기다. 당장의 즐거움에 그칠 모래부터 가득 채우고 난 뒤에는 조약돌이나 골프공이 비집고 들어갈 틈이 사라져버린다.

이 비유를 통해 우리가 생각해볼 지점은 인생의 우선순위다. 앞서 이야기한 우선순위에 대한 답과 달리, 카르페 디엠carpe diem과 워라밸work-life balance, 그리고 소확행小確幸 등의 유행어로 알 수 있듯 지금 우리 사회는 개인의 행복과 가치를 중요하게 여기고 우선하기도 한다. 가치의 우선순위를 골프공에 둘 것인지 모래에 둘 것인지는 온전히 당신의 선택에 달려있다. 모두에게 같은 시간이 주어졌지만 각자 관점에 따라 가치를 판단하고 중요한 일에 시간을 쏟아야 한다. 이렇듯 생생하게 와닿는 묘사를 이용한 비유는 단순히 화자의 의견을 피력하는 것을 넘어 개인의 철학까지 바꾸는 힘을 지닌다.

생리학자 호레이스 발로우Horace Barlow의 말을 빌리면 "모든 창조적 행위의 이면에는 공통된 고민이 존재한다."고 한다. 누군가의 마음속에 있는 생각이나 사실을 어떻게 다른 사람의 마음으로 옮길 수 있을까 하는 것이다. 내가 보고, 알고, 기억하는 것을 어떻게 상대에게 고스란히 전할 수 있을까? 이를 위해 너와 나를 연결해줄 고리가 다름 아닌 연상과 은유다. 그것은 그림일 수도 있으며, 몸짓일 수도 있고, 음악이나 춤일 수도 있다. 언어는 꼭 논리를 완벽하게 갖춘 말을 지칭하지는 않는다. 중요한 것은 당신이 생각하는 그림을 상대의 머릿속에 어떻게 그려 낼지 먼저 고민하는 습관이다.

호기심과
전능감

지식의 공백이
때로는
서로의 집중을
이끌어낸다

어린 시절 '시골'이라는 단어는 내게 할머니의 포근함과 더불어 낯선 경험에 대한 기대감을 안겨 주었다. 그 기대의 한 자락엔 할머니가 들려준 여름밤 납량 스토리도 포함되었다. 유난히 열대야가 기승을 부리던 어느 해 여름밤, 할머니가 읊조리던 그날의 이야기는 오랜 세월 내 기억 속에 자리했다.

경기도 인근 마을에서 한 할아버지가 돌연 집을 나선 후 돌아오지 않았다. 그날은 동네 어르신들이 모여 갯벌에 바지락을 캐러 가신 날이었다. 작업을 마치고 모두 집으로 돌아갔지만 그 할아버지만 귀가하지 않은 것이다. 이상한 일은 다음날부터 벌어졌다. 동네 여기저기서 그 할아버지를 봤다는 목격자들이 등장하기 시작했다. 그렇게 보름간 목격담만 이어졌을 뿐 그 할아버지와 이야기를 나눴거나 집에 돌아왔다는 소식은 없었다. 그리고 보름에 한 번 모여 공동 작업을 하는 날이 다시 돌아왔고, 갯벌에 모인 어르신들은 모두 깜짝 놀랐다. 사라졌던 그 할아버지가 저 멀리 갯벌에 앉아 있는 것이 아닌가? 할아버지에게 달려간 어르신들은 소스라치게 놀랐다. 할아버지는 두 발이 갯벌 깊숙이 박힌 채 앉은 자세로 이미 돌아가신 상태였다.

자정에 볼펜을 쥐고 '분신사바'를 외치거나 칼을 물고 거울을 보면 충격적인 사실이나 자신의 미래를 볼 수 있다는 등의 도시 괴담은 어른이 되어서도 쉽게 잊히지 않는다. 할머니의 이야기를 들은 이후 한동안은 물속에 앉아 조류의 흐름에 흔들흔들 춤추는 할아버지가 등장하는 악몽을 꾸곤 했다. 이렇게 괴담이 우리 머릿속에 깊이 각인된 이유로 공포 외에 다른 요소를 말하고 싶다. 바로 사건의 숨겨진 면을 궁금해하고 알고 싶은 감정, 호기심이다.

심리학자 피아제Jean Piaget는 인간에겐 낯선 대상이나 환경에서 일종의 불편을 느끼고 이를 해결하고자 하는 본능이 있다고 말했다. 두려움과 불편함을 호기심으로 해결하는 과정은 인지 능력 향상에 도움을 준다. 인간의 감정은 한 가지 감정이 활성화되면 다른 감정으로 즉각 이동하기 어렵다. 호기심이나 궁금함에 사로잡힌 순간, 인간의 시야에는 여타 감정의 개입을 차단하는 보호막이 쳐진다.

인간은 호기심 강도에 따라 대상에 대한 관심을 넘어 집요함까지 가지게 된다. 강한 호기심은 다른 감정을 차단해 무엇인가에 집중하게 한다. 인지 발달 과정에 있는 어린아이들이 집요할 정도로 부모에게 질문을 하는 것도 같은 이치다. 호기심은 결국 서로 공감대를 찾는 과정이다.

흔히들, 나이가 들면 들수록 세월이 순식간에 지나간다고 한다. 나이가 들고 경험이 쌓여 갈수록 비슷한 일상으로 인해 상대적으로 느끼는 시간의 흐름이 빨라진다는 것이다. 그렇다면 인간의 호기심 또한 나이와 경험이 많을수록 줄어드는 것이 타당할 것이다. 그러나 행동 경제학자 로웬스타인Lowenstein은 정반대의 의견을 주장한다. 인간은 기존 지식의 양이 일정 수준 이상 축적되면 스스로 알지 못하는 부분에 대해 더욱 집착을 보인다는 것이다. 그리고 그의 이론은 우리에게 새로운 힌트를 준다.

모든 커뮤니케이션의 출발은 주목과 관심에 있지만 상대의 관심사를 정확히 간파하는 것은 쉽지 않다. 상대가 무엇에 관심을 두는지 알 수 없다면 또 다른 방법이 있다. 바로 낯선 것을 제시하는 것이다. 다시 말해 상대가 알지 못할 만한 낯선 것으로 지식의 공백을 느끼게 하고 이를 통해 호기심을 이끌어 낸다면, 당신의 말에 공감하게 하는 사전 작업은 성공한 셈이다.

어린 시절 할머니에게 들었던 갯벌에서 돌아가신 할아버지의 이야기를 잠시 잊고 있었다. 궁금하지 않은가? 할아버지는 왜 갯벌에 앉아 돌아가셨을까? 그렇다면 동네에서 할아버지를 봤다는 사람들은 과연 누구를 본 것인가? 이런 궁금증이 드는 것은 자연스럽다.

*＊＊

방송이나 연설 도중 인위적인 침묵을 통한 일정 이상의 정적으로 상대의 주목을 유도하는 경우가 있다. 왜일까? 화자가 말을 멈춘 그 순간, 어떤 사건이나 사고가 있는 것이 아닌가 하는 즉각적인 추측이 모든 청자에게서 동시에 일어나기 때문이다. 나는 이를 강조의 3법칙이라 말한다.

첫째, 강조하고자 하는 부분을 천천히 말한다.
둘째, 강조하고자 하는 부분을 더 크게 말한다.

1장 잘 대화하는 법에 대하여

셋째, 강조할 말 앞뒤에 인위적인 공백을 준다.

공백은 타인이 의도적으로 만들지 않아도 예상치 못하게 찾아온다. 우리는 언어의 공백 이외에도 생각보다 많은 순간에 지식의 공백을 깨닫고 주의를 기울이곤 한다. 텔레비전을 보다가 오랜만에 등장한 가수나 배우의 이름이 생각나지 않을 때가 있지 않은가? 친구들과 대화 도중 학창 시절 누구나 한 번쯤 짝사랑했던 옆 반의 그 아이나 혹은 웃음 유발자였던 괴짜 녀석의 이름이 생각나지 않을 때가 있지 않았는가? 이럴 때 우린 이렇게 말하곤 한다.

"왜 있잖아! 그 친구!"
"아, 저 가수 이름이 뭐였지?"
"왜 그 영화에 나왔었잖아!"

떠오르지 않는 것은 궁금하고, 호기심이 자극되면 우리는 집중한다. 예능 프로그램 중에서 일명 '악마의 편집'을 주 무기로 사용하는 경우가 있다. 충격적인 뭔가를 본 듯 눈을 부릅뜬 패널의 클로즈업된 표정, 뜬금없이 눈물을 흘리는 출연자나 마치 싸움이 불거진 듯 언성을 높이는 출연자의 모습을 짧게 교차해보여 주는 식이다. 인기 있는 드라마의 경우 시청자의 관심을 잡아 두기 위해 예고편을 따로 하지 않는 전략을 쓰기도 하지만, 대신 만만치 않은 시청자의 원성을 견뎌야 한다.

피아제가 인간이 낯선 대상이나 환경에서 일종의 불편을 느끼고 이를 호기심으로 해결하려 한다고 주장했듯 지식의 공백은 인간에게 또 다른 차원의 고통이다. 중년에 접어들어 의도하지 않아도 가장 흔하게 접하는 대화의 패턴은 바로 스무고개다. "아, 그거 뭐였지?"라는 단발성 신음과 함께 말이다. 분명 아는 것인데도 낯설다. 낯선 것에 대한 지식의 공백은 불편하고, 이 불편함을 해결하기 위해 인간은 호기심을 느낀다. 해결하지 못하면 머리를 쥐어뜯으며 고통스러운 듯 행동한다. 아니 심지어 고통이 실제로 느껴질 때도 있다. 관심을 잡아 두는 비결은 궁금하게 하고 의문을 갖게 만드는 것이다. 그래서 말 잘하는 사람들은 대화를 이렇게 시작하는 경우가 많다.

"너희 그거 알아?"

***

청자의 눈과 귀를 사로잡았다면 일단 대화의 아주 유리한 고지를 선점한 것이다. 그리고 이 관심을 지속할 수 있는 가장 이상적인 방법은 호기심을 이어가는 것이다.

궁금하게 하는 것이나 미스터리 기법의 묘미는 단연 청자나 독자에게 '전능감'을 느끼게 한다는 데에 있다. 전능감은 인간의 본능이다. 갓난아기의 울음은 어머니에게 배고픔의 신호로 받아들여지며 이는 어머니를 통해 즉시 해결된다. 아기는 자신을 둘러싼 세상이 자신의 욕구를 모두 해결해준다는 일종의 환상과 함께 어떠한 전능감을 느끼게 된다. 이러한 어린 시절의 본능은 성인이 되어서도 남아 있어, 사람들은 스스로 자신이 가진 지식보다 많이 안다는 착각을 지니며 전능감을 경험하고 싶어 한다.

그렇기에 지식의 공백을 견디지 못하며 무엇인가 알아냈을 때 그것이 사실이든 아니든 알아냈다는 자체만으로 쾌감을 느끼게 되는 것이다. 사람들은 본능적으로 궁금함을 느꼈을 때 그 이후 결말을 예상하기 시작한다. 지식의 공백이 가져온 고통이 그들의 관심을 잡아두는 데도 유용한 것이다. 마치 스스로 내기를 하듯이 "아마 이렇게 될 거야!" 혹은 "거봐, 내 말이 맞지?"와 같은 쾌감을 선사할 기회가 생기는 셈이다.

따라서 이야기에 적당한 빈틈을 보여주는 것은 청자의 상상력을 자극하고 당신에게 집중하게 만든다. 궁금증이 마련한 빈틈에서 창의성이 움튼다. 익숙하고 평범한 이야기에 사람들은 전혀 호기심을 두지 않는다. 하물며 당신의 말을 기억하게 하는 건 거의 불가능하다. 당신의 언어를 기억하게 하는 방법은 평범한 것을 낯설게 하는 의외성unexpectedness에 있다. 어쩌면 당신은 내일부터 이렇게 대화를 시작할지 모른다.

"혹시, 그거… 아세요?"

설득의
최적 전략

우호적이지 않은
상대에게
친절한 말로
대하라

대학 시절, 나는 모범생이라
고 보긴 어려웠다. 대학 연합 합창단을 시작으로 친구들과의 노
래 연습과 아르바이트에 온 시간을 투자했다. 그 중 대형마트 아
르바이트에서 느꼈던 작은 깨달음은 내가 상대방의 입장에 서
보는 계기가 되었다. 당시에 나는 아침 9시에 출근해 오후 6시까
지 과일 판매 코너에서 관리와 판매를 담당하고 있었다. 그런데
어느 금요일 오후 5시쯤이었을까? 부서 팀장이 나를 부르더니
말했다.

"지금 경북에서 사과 천오백 개가 배송 왔어. 내일 판매할 수 있도록 등급별로 분류 작업 좀 부탁해!"

퇴근 시간까지 불과 한 시간도 남지 않았다. 저녁에는 합창단 연습이 있었고, 이후엔 대학로 '여주 곱창'에서 뒤풀이도 기다리고 있었다. 하지만 내일 판매할 사과를 분류해야 퇴근을 할 수 있고, 그래야 친구들과 즐거운 불금을 보낼 것이었다. 자연스레 한숨 섞인 혼잣말이 흘러나왔다.

"뭐부터 골라내지?"

그런데 같은 맥락에서 이번엔 이렇게 상상해보자. 자신에게 주어진 일상의 업무에 쫓기다 기다리던 금요일 퇴근을 앞둔 순간 팀장이 이렇게 말한다.

"OO 씨, 혹시 이번 주말에 무슨 일 있나? 이번에 신입사원 면접을 봐야 하는데 천오백 명 정도 된다고 하네! 별일 없으면 토요일에 면접 좀 봐줄 수 있을까?"

***

대부분의 회사에서 면접관이라는 직군이나 업무는 정기적으로 이어지지 않는다. 나도 실제로 서류 면접과 직무 능력 평가에 일시적인 면접관으로 참여한 경험이 있다. "우리 회사의 미래를 이끌어갈 인재를 내 손으로 뽑고 말겠어!"라고 의욕에 찬 사람도 분명 없진 않을 것이다. 그러나 굳이 자신의 업무가 아닌 일에, 그것도 주말 시간을 따로 내서 면접관으로 참여해 소신을 다하는 열정을 보이긴 쉽지 않다. 내가 겪었던 아르바이트 사례와 같이 일시적으로 '면접관'이라는 업무를 떠맡는 것과 다름없기 때문이다.

면접관이라 불리는 일시적 파견 근무자는 완장을 차고 그들의 개인 성격과 집단 성향을 모두 반영한 결정을 내리게 된다. 그리고 그들 중 상당수는 개인의 취향을 전적으로 반영하기도 한다. 오죽하면 '면접관 증후군'이라는 용어까지 존재할까. 대기업의 면접관들이 소위 대한민국 최고의 스펙을 가진 지원자들을 상대하며 스스로도 회사에 소속된 평범한 직원일 뿐임을 망각한다는 논리다. 단순히 스펙이나 외모에 따라 특정 지원자를 우습게 본다는 해석도 있다.

심지어 면접관들은 그들의 식사 여부에 따라 다른 결과를 내놓기도 한다. 한 조사에서 시간대별로 구직자의 합격률을 따져본 결과 점심시간 직전보다 식사 이후의 비율이 더 높았다. 배가 고픈 상태에서 예민하고 짜증이 나는 인간의 본능적 감정이 결과에 반영된다는 것이다. 개인의 인생을 좌우할지도 모르는 중대한 결정이 면접관의 배가 찼는지 비었는지에 따라 달라진다니. 그럴 수만 있다면 면접관과 같이 식사를 하거나 점심 이후로 면접 시간을 미뤄야 할 판이다.

게다가 우리는 면접관이 어떤 사람들인지 예상할 수 있는가? 하나의 전략으로 공략할 수 있겠는가? 보통 적게는 세 명에서 많게는 열 명까지 되는 면접관들이 동시에 주관적인 시선으로 점수를 매긴다. 예상 질문을 준비하고 달달 외워서는 면접이라는 관문을 통과할 수 없는 명백한 이유다. 게다가 이 면접관이라는 직책은 흔한 자격증조차 없는 공인되지 않은 책임자다. 누군가의 인생을 좌우할 수 있는 중대한 시험에 지극히 개인적이고 직관적인 판단으로 절대적인 권한을 누리는 면접관들, 이 얼마나 부조리한 상황과 불친절한 사람들인가.

특정 집단이 보이는 성향에 관한 다양한 연구의 핵심은 '상황'에 있다. 특정 국가와 문화 속에서 나고 자란 사람들은 그들 사이의 보편적인 사고를 공유한다. 그들이 놓인 환경이나 상황 또는 수행하는 업무 등이 영향을 미친 결과다. 면접관 개개인의 성향을 파악할 수 없다면 면접관이라 불리는 집단의 성향을 한 번 들여다볼 필요가 있지 않을까?

✳✳✳

면접과 관련된 강의를 할 때마다 느끼는 것은, 면접관에 대한 수많은 오해이다. 가장 기본적인 오해는 '면접관' 자체에 대한 정의와 해석이다. 영어로는 'interviewer'로 "수험자와 직접 대면하여 그 인품이나 언행 따위를 시험하는 사람"이라는 사전적 정의를 갖는다. 그러나 이 면접관이라는 직군은 어느 회사에도 존재하지 않는다. 이유는 간단하다. 채용이라는 과정은 보통 1년에 한 차례 공채의 형태를 띠고, 결원이 생겨 추가적인 채용이 있다 한들 정기적이지 않기 때문이다. 면접을 보는 행위 자체를 상시 직군의 영역으로 가져올 수 없는 이유다. 오직 면접만을 위해 존재하는 직원은 없다.

그럼 누가 면접관이 되는가? 결론부터 말하면 면접장에서 마주하기 전까지는 알 수 없다. 그저 누군가가 면접관이라는 단발성 업무를 수행하고, 이를 위해 타인을 평가하는 일시적 권력을 갖게 되는 상황이다. 면접이 이루어지는 동안에만 그들에게 면접관이라 쓰인 완장이 채워진 셈이다. 그럼에도 한 가지 확실한 점은 면접관이 두 명이든 열 명이든, 면접이라는 과정을 통해 '수치화된 평가'가 내려지고 이를 기반으로 채용이 이루어진다는 것이다. 점수를 매기는 행위 자체가 면접관 개개인에 의해 이루어지기 때문에, 면접관의 성향 역시 그들 개개인의 성격과 무관치 않을 것이다. 그렇다면 일반적으로 한 개인이 타인에게 드러내는 가장 선명한 성격적 특성인 '친화성과 성실성' 측면에서 그들의 성향에 따른 여러 가능성을 한 번 들여다보자. 친화성과 성실성의 정도에 따라서 해당 면접관이 지원자를 보는 태도나 판단이 달라질 수 있다.

첫째, 친화성이 높은 면접관은 지원자를 실제보다 더 긍정적으로 평가하려는 경향을 보일 수 있다. 친화성의 바탕에는 타인에 대한 '관심과 믿음'이 깔려 있다. 친화성이 높은 이들은 관계에 있어 편안함을 추구한다. 편안함은 곧 신뢰다. 믿음이 전제된 관계는 조화롭다. 반면 친화성이 낮은 사람은 강한 자기중심적 성향이 나타나며 '적대'와 '질투'를 보인다. 이런 경우, 자기소개서에 적인 이력과 문장을 불신할 확률이 크다. 쉽게 말해 친화성이 높은 사람이라면 면접관으로서 평가하는 순간에도 타인의 모든 것을 좋게 평가한다는 것이다. 또한 타인에 대한 높은 신뢰는 지원자의 언어를 의심 없이 받아들이게 한다. 그렇기에 면접관의 친화성이 높으면 지원자의 전략을 대부분 좋게 볼 가능성을, 반대로 낮으면 사안별로 따지고 들 가능성을 예상할 수 있다. 이는 일상에서 상대와의 갈등보다는 조화를 추구하는 성격의 차이가 평가하는 순간에도 반영된 것이다.

둘째, 성실성이 높은 면접관은 목표가 뚜렷하고 일을 우선순위에 두는 성향을 보인다. 성실성은 개인의 측면에서는 '성취에 대한 지속적 태도'로 볼 수 있다. 사회적 측면에서는 규범이나 규칙을 잘 지키려 하며 신중하고 책임감이 강한 모습이 나타난다. 면접관의 성실성은 지원자 평가에도 반영되어, 지원자의 태도나 신념과 같은 맥락 요소보다는 그들이 보여 주는 명확한 자료나 논리를 살핀다. 그것이 업무에 있어 정확도를 기하려는 노력 또는 원칙의 준수라고 생각하기 때문이다. 이에 따라 성실성이 높은 면접관은 일시적인 업무일지라도 책임감을 가지고 꼼꼼히 살펴 지원자의 전략을 엄격히 따질 것이고, 면접관의 성실성이 낮으면 전략에 크게 주목하지 않아 유의미한 차이가 없을 가능성이 높다.

그럼 이런 예측이 가능하지 않을까? 특정 면접관의 성향이 친화성은 높고 성실성이 낮다고 가정해보자. 이 면접관의 평가는 지원자의 스피치 전략에 크게 영향을 받지 않을 가능성이 높다. 그러나 지원자에게 수치화된 평가를 내려야만 한다. 우열을 가려 줄을 세워야만 한다는 뜻이다. 오직 이 분석과 상황에만 따르자면, 신체적 매력 등과 같이 직관적으로 판단 가능한 비언어적 요소 그리고 학력이나 학점 등 기존 지표에 따른 단순 평가를 내릴 확률이 높지 않을까?

"그럼 처음 보는 면접관의 성향을 어떻게 알 수 있나요?"

이런 의문이 드는 것이 당연하다. 바로 면접이라는 상황과 면접관이라는 업무의 비일상성에 단서가 있다. 이러한 맥락에서 면접관의 성향을 군이 통틀어 보자면 '불친절한 사람들'로 정의하는 것이 가장 적절할 것이다. 면접이라는 건 한쪽은 질문만 하고 다른 한쪽은 답변만 하는 비정상적 커뮤니케이션이다. 더구나 단발성이다. 그간 유지해온 인간관계에서 이루어지는 소통이 아니라 처음 보는 사람들 간에 이루어지는 소통이라는 의미다. 이는 노출의 빈도를 높여 상대의 내용적 측면을 살피려는 노력과도 동떨어져 있다. 왜냐하면, 면접이 두 번이든 세 번이든 같은 면접관을 마주하거나 같은 지원자를 마주할 가능성이 낮기 때문이다.

불친절한 사람들이라는 모호하고 추상적인 표현으로 면접관의 성향을 대변하기는 역부족일지도 모른다. 아마 독자들은 '도대체 무슨 의미로 하는 말이지?' 생각할 것이다. 이는 달리 표현하면 '나에게 우호적이지 않은 사람들'을 뜻한다. 나에게 호감이 있는지 그렇지 않은지는 면접 자체에서 절대적 가치로 작용할 수도 있다. 그렇기에 상대를 우선 비우호적 세력으로 설정하고 이들을 설득해 지원자에 대한 동의를 끌어낼 수 있다면 최적의 전략이 되지 않겠는가? 취업 면접은 어찌 보면 합격자를 뽑기 위한 과정이 아니라, 떨어뜨리고 그중에서 적절한 사람을 선별하기 위한 목적이 더 크니 말이다.

일상의 정상적 커뮤니케이션 상황이라면 그냥 나에게 호의적이지 않은 사람은 마주치지 않으면 된다. 말을 섞더라도 지극히 사무적인 대화로 그칠 수 있다. 엄밀히 따졌을 때 내 인생에 결정적 영향을 미치지 않으니 말이다. 그러나 면접관이라는 불친절한 사람들은 그냥 무시하고 넘길 수 없는 이들이다. 적어도 내 인생의 한 시점에서 중요한 결정의 키를 쥐고 있기 때문이다.

그들의 일방적 질문에 대하여 경쟁자들보다 나은 수치화된 평가, 즉 점수를 얻어야 한다. 앞서 면접관 성향을 다층적으로 살펴보았지만, 그들 개인이 어떤 사람인지 예측하고 준비하는 것은 사실 불가능하다. 그래서 몇몇 필수적인 예상 질문을 빼면, 면접을 준비하기 위해 백문 백답을 준비하는 것은 너무도 어리석은 일이다. 이를 외운다는 것도 불가능하거니와 외웠다손 치더라도 이렇게 해서는 면접관의 질문 의도에 딱 맞춘 답을 제시할 수도 없다. 마치 오답이나 오십 점만 받을 수 있는 답을 준비해서 시험장에 들어가는 것과 같다.

***

인생에서 면접을 보는 순간은 짧지만, 당신에게 관심 없거나 불친절한 사람을 만날 확률은 그보다 크다. 결론을 말하자면, 당신은 당신에게 불친절한 그들을 상대로 '친절'하게 말해야 한다. 당신에게 우호적이지 않은 불친절한 그들이 애써 무엇에 집중하거나 많은 생각을 하게 하지 말라. 당신의 부정적 단서에 집중하게 될 테니 말이다. '친절한 말'의 의미에 대해 나는 이렇게 정의한다.

하나, 당신에 대한 주목을 넘어 관심을 이끌어내라.
둘, 질문을 빠르게 파악해 명확한 의견을 제시하라.
셋, 누구보다 당신을 뽑는 것이 이익임을 느끼게 하라.
넷, 되도록 간결하게 정리하되 내용은 충실히 하라.

수학처럼 하나의 상황이나 질문에 딱 맞아떨어지는 공식이나 해법이 존재하지 않는 것이 대화와 설득이며 관계다. 면접 또

1장 잘 대화하는 법에 대하여

한 마찬가지다. 애초에 어떤 질문에는 이렇게 대답하라는 명확한 공식이 있다면 내 이야기는 장황설에 불과할 것이다. 하지만 당신의 면접자리가 어느 기업인지, 어떤 직군인지에 따라 정답의 가능성은 무한대로 늘어난다. 게다가 면접관에 따라 당신이 받게 될 질문은 한 개일 수도, 열 개일 수도 있다. 물론 받은 질문의 개수도 당신의 당락當落과 연결된 단서가 되지는 못한다.

하나의 질문이 하나의 스피치 주제라고 생각하라. 주어진 주제에 일 분 정도의 완결된 스피치를 하라. 그것이 수치화된 평가로 이어지고, 불친절한 그들로부터 경쟁자보다 나은 점수를 끌어낼 유일한 방법이다. 바로 좋은 결과를 얻지 못할 수 있다. 그러나 자신의 명확한 철학을 당신의 언어로 답변을 할 수 있다면 적어도 자리를 나선 후 불합격의 아픔이 덜할 것이다.

1달러짜리
터미네이터

가장 적절한
타이밍에
마음을 이끄는
제안을 해라

"사랑은 타이밍이야!"

연애 코치를 자처하는 주변 만담가들이 즐겨 사용하는 표현
이다. 짝사랑하는 여성의 이별을 기다리는 하이에나 같은 남자
들에게도, 눈치 없이 접근하는 남성을 한심한 듯 손사래 치는 여
자들에게도 타이밍은 일종의 우연 혹은 운명으로 작용한다. 행
운과도 같은 그 기회를 잡으려면 결국 적절한 때에 적합한 말을
하는 것이 만사의 시작이다.

어느 해 봄, 개편 소식이 전해지고 7년간 진행한 프로그램에서 하차해야 하는 시점이 왔다. 마침 석사 학위를 받은 후 멈추었던 공부를 조금 더 하자는 생각에 휴직 의사를 밝혔다. 그런데 회사 구성원들에게서 예상치 못한 다양한 반응들이 나왔다. 누구는 부럽다고 하고, 누구는 감정을 드러내지 말라고 조언했으며, 나를 아끼던 한 선배는 왜 한창인 나이에 회사를 떠나는지 물었다. 급기야 부사장 H는 나를 따로 불러 이렇게 물어 왔다.

"지금 꼭 학교에 다녀야 하나? 원하는 프로그램이 뭔가?"

왜 나의 결정에 대해 이렇게 각기 다른 해석이 나왔을까? 이유는 타이밍이었다. 7년간 애정을 가지고 있던 프로그램에서 교체되는 상황이다 보니, 회사의 개편 과정에 대한 불만 표출로 비쳤을 것이다. 거기에 당시는 코로나19로 인한 폐업과 감원, 무급 휴직이 직장인들을 공포에 몰아넣던 시점이었다. 구성원들이 보기에는 학교에 가서 공부를 더 하겠다는 나의 말이 있는 그대로 받아들여지지 않았으리라. 주변에서 나온 '부럽다', '감정', '퇴사' 등의 단어들은 즉 부정적 해석의 결과물인 것이다. 결국 나는 휴직을 하지 못했다. 아니, 하지 않았다. 그 이유는 나를 향한 부정적 시각들 때문은 아니었다.

부사장 H의 제안을 받아들이면 적어도 다음 개편 때까지 내 계획은 엉망이 될지도 몰랐다. 그럼에도 나는 그의 제안을 받고 바로 그 자리에서 수락했다. 만약 전화 한 통으로 왜 휴직을 하냐고 물었다면 나는 다른 사람들에게 둘러댔던 이유 중 하나로 서둘러 대화를 마무리했을지도 모른다. 그러나 벚꽃이 흐드러지던 4월 어느 날 베르네 소하천에서 그와 마주한 시간은 효과적인 설득의 미장센으로 작용했다. 로버트 치알디니Robert Cialdini 교수의 표현을 빌리면 '특권의 순간'이 작용한 셈이다.

타인의 반응을 바꿀 기회는 아주 일시적이다. 그렇기에 '특권'은 강력한 치트키(cheat key, 게임을 유리하게 만드는 프로그램 또는 문장)와도 같다. 특권이란 '특별한 위치에 놓인 지위'를 의미한다. 부사장은 다른 사람의 반응이나 의사를 바꿀 기회의 시간에 본인에게 주어진 특권을 아주 적절히 활용한 셈이다.

아리스토텔레스Aristoteles는 연설가에게 있어 가장 중요한 덕목 중 하나로 '올바른 순간을 포착하는 것'을 꼽았다. 연설하는 기술에 대한 고대 그리스의 학문인 수사학의 기본 목적 또한 상황에 맞게 적절하게 이를 통해 듣는 이를 설득하는 것이다. 결국 타인을 향하는 언어는 목적과 대상을 명확히 하는 것에 더해, 적절한 타이밍의 포착이 가장 중요한 셈이다.

***

영화 산업에서 빠질 수 없는 키워드는 바로 '할리우드'이다. 이렇게 할리우드가 영화를 상징하는 메카로 자리하기까지는 두 번의 극적인 타이밍이 작용했다. 바로 1, 2차 세계대전이다. 1차 세계대전으로 많은 돈을 벌어들인 미국은 1920년대 이후 할리우드를 중심으로 여러 스튜디오를 설립했다. 단순한 영사기로 출발한 미국 영화가 전후戰後 자본의 힘을 빌려 본격적인 부흥을 알리게 된 시기였다. 2차 세계대전은 서양 문화를 이끌었던 유럽 지식인들과 보헤미안적 예술가들이 뉴욕으로 이동하는 계기가 된다. 새로운 영화를 갈망하던 대중의 니즈를 포착해 과거에 집착하지 않고 재빠른 변신을 선택한 할리우드, 그리고 유럽에서 떠밀려온 재주꾼들이 어우러지며 할리우드는 '영화 그 자체'로 변모했다.

이후 이름 있는 회사들은 '스튜디오 시스템'을 통해 미국 영화 산업 전반을 지배하기 시작한다. 독과점은 대규모 자금이 투자되는 블록버스터blockbuster의 등장으로 이어졌고, 영화 산업에서 '투자'는 절대적 요소로 자리 잡았다. 자신의 시나리오로 감독에 데뷔하는 할리우드에서 소위 '돈줄'을 잡는 것은 자신의 작품이 세상의 빛을 보느냐, 서랍 속에서 잠자고 마느냐가 결정되는 절체절명의 문제였다.

투자자들의 지갑을 열기 위해 고려하는 여러가지 요소 중 감독의 이전 작품 성적이 특히 중요하다. 투자자의 입장에서 수익성이 보장되는 영화에 자신의 자금을 투자하고 싶기 때문이다. 전 세계적으로 마블의 블록버스터 〈어벤저스: 엔드게임〉이 영화 흥행 역사를 다시 쓰기 전까지 가장 많은 사람들이 본 영화 1, 2위는 모두 제임스 카메론James Cameron 감독의 작품이었다. 1위는 〈아바타〉, 2위는 〈타이타닉〉이다.

그 역시 자신의 시나리오를 들고 투자자들을 찾아다니던 시절이 있었다는 게 상상이 되는가? 그의 첫 영화를 〈터미네이터〉로 기억하는 사람이 많지만, 힘겹게 작업한 영화 〈피라냐 2〉가 아니었다면 오늘날의 제임스 카메론 감독은 없을지도 모른다. 그의 성공에도 적절한 타이밍과 용감한 결단이 한몫했다.

미국과 이탈리아가 공동 제작한 〈피라냐 2〉를 로마에서 편집하던 그는 싸구려 호텔에서 식사조차 제대로 하지 못했다. 급기야 독감에 걸려 침대에서 신음하던 카메론 감독은 그대로 자신이 죽을지도 모른다고 생각했다. 그런데 고열에 시달리며 깜박 잠이 든 순간 그의 인생을 완전히 바꿔놓은 악몽 아닌 악몽을 꾸게 된다. 꿈속에서 '끔찍한 모습의 기계 인간이 불 속에서 서서히 일어나는 형상'을 본 그는 그 생생한 광경을 종이 위에 적으

1장 잘 대화하는 법에 대하여

며, 언젠가 이 메모가 자신의 인생을 바꿀지도 모르겠다고 직감한다. 그렇다. 이 꿈은 이후 그의 인생에서 절대 빼놓을 수 없는 영화 〈터미네이터〉의 시작이 된다.

이렇게 천운이 따라서 영화사에 길이 남을 작품의 시나리오를 쓰더라도, 이미 수많은 감독 지망생들이 몰려든 할리우드에서 초짜 감독에게 거액을 선뜻 내줄 투자자를 찾기는 쉽지 않았다. 결국 직접 이 엄청난 시나리오를 들고 투자자를 찾아 나선 그는 우리가 이해할 수 없는 황당한 선택을 한다. 고작 1달러에 시나리오를 판 것이다. 대신에 자신이 직접 감독을 맡겠다는 조건이었다. 자신에게 찾아온 특권의 순간에 그저 시나리오 한 편의 가치로 끝날지 모를 '돈'이 아닌 역사적인 '기회'를 선택했다.

사실 영화는 일반적인 시장이론이 적용되지 않는 상품이다. 보통 상품의 가격은 제작비와 시장수요에 따라 결정된다. 하지만 영화는 제작비가 1억이 들었든 100억이 들었든, 관객이 몇 명이 보고 얼마나 감동을 받았는지에 상관없이 관람료는 1만 원 남짓이다. 어찌 보면 단 1달러에 결정적인 기회를 산 제임스 카메론 감독은 영화라는 특수한 상품의 본질을 꿰뚫어 본 것일지도 모른다. 극장으로 관객을 모을 때도, 영화 제작을 위해 투자를 유치할 때도 중요한 것은 결국 물질적 가치의 문제가 아니다. 원하는 것을 얻으려면 적절한 판단과 타이밍을 곁들여 마음을 먼저 얻어야 한다. 특권의 순간이 주어지더라도 자신에게 유리한 상황으로 만들 감각이 없다면 이 권한 또한 의미가 없어진다. 설득의 언어는 결국 타이밍과 기술이 관건이기 때문이다.

태풍의 길목에 서 있으면 돼지도 하늘로 날아오를 수 있듯, 적절한 시기에 전하는 당신의 메시지는 어떤 묘사보다도 가장 강력하게 상대를 설득할 수 있다.

인생에서
잊지 못할
찰나의 시간

지금 이 순간을
당신의 것으로
만들어라

아나운서 공채 면접장에서 만난 지원자 중에서 단연 기억에 남는 사람이 있다. 당시 그가 나에게 풍긴 찰나의 인상 때문이다. 서로를 은근히 의식하던 차에 그가 화장실에서 말을 건네 왔다.

"우리 같은 준호네요. 표정이 밝으세요. 올해 좋은 결과 있을 것 같아요."

면접을 코앞에 두고도 여유로운 태도였다. 그런 자신감으로 그해에 단 한 명에게만 주어졌던 자리를 차지했으리라. 시간이 지나 그와 나는 또 다른 면접장에서 카메라 테스트의 면접관과 지원자로 다시 마주하게 됐다. 통상적으로는 개별 질문 없이 주어진 원고를 소화한다. 그러나 그해에는 돌연 내게 질문을 던지는 면접관이 있었다.

"적지 않은 나이인데, 그간 어떤 일을 했나요?"

바로 그였다.

"네, 대학 시절 각종 공연으로 졸업이 좀 늦었습니다."
"그럼 노래 한 번 해보실래요?"

나는 뮤지컬 〈지킬 앤 하이드〉의 〈지금 이 순간〉을 불렀다. 사실 이 노래는 손꼽히는 애창곡이지만, 동시에 너무 많은 사람들이 불렀기에 월등한 실력을 갖추고 있지 않으면 식상한 선택으로 보인다. 결국 그해에도 최종 면접까지 진출했지만 'ONLY ONE'이 되지는 못했고, 그 아나운서를 다시 만날 일은 없었다. 하지만 이후 앵커로서 그의 이름을 외치게 되는 순간이 올 줄 어찌 알았을까. 그는 방송국에서 아나운서로 십여 년 활동 후 퇴사했고, 총선에서 당선돼 국회에 입성했다.

우리 모두는 같은 시간을 살고 있다. 그렇다면 시간이란 무엇일까? 고대 그리스인들에게 시간은 두 개의 개념이었다. 흐로노스chronos와 카이로스kairos다. 천문학자이자 고고학자인 토론토 대학의 김승중 교수는 흐로노스를 삶의 지식이 축적된 할아버지, 카이로스는 경험이 적지만 혈기왕성한 청년으로 비유했다. 흐로노스란 일정하게 흐르는 강물처럼, 두 바퀴를 돌아 하루를 소비하는 시계처럼, 영원히 고정된 시간을 뜻한다. 그러나 카이로스는 의미로 가득한 시간, 개인이 느끼는 적절한 순간과 때를 의미한다. 물리학자인 카를로 로벨리Carlo Rovelli가 정의하는 시간은 카이로스에 가깝다. 그는 "시간은 흐르는 것이 아니다."라고 말한다. 시간은 결국 사건과 관계의 문제라는 것이다. 또한 작가 기욤 뮈소Guillaume Musso는 자신의 책 《파리의 아파트》에서 '결정적인 순간'이라는 뜻으로 인용하기도 했다. 세상의 모든 사건들은 시간과 상호 작용하고, 천재지변을 제외한 모든 사건은 인간이 만들어낸다.

〈지금 이 순간〉과 같이 짤막한 현재의 시간은 우주의 시간 개념으로 보면 찰나라 할 수 있을 것이다. 같은 도전자의 입장에서, 이후 평가자와 도전자로서 그를 마주했던 그 5분여의 시간이 내게는 바로 카이로스였다. 총선에서 승리한 그에게 과거 시험장 일화를 기억하는지 물었지만 그는 기억하지 못했다. 그가 기억하는 것은 자신과 같은 이름을 가진 나의 인상 정도였다.

***

현재의 나를 만든 또 다른 카이로스는 한 방송사 최종 면접이었다. 남자 3명과 여자 6명이 그 자리에 올랐다. 통상 3배수임을 감안하면 남자 1명, 여자 2명이 최종 합격할 것이었다. 마지막 결정권자는 유명 신문사 편집장 출신의 R 사장이었다. 뼛속까지 기자였던 그는 내 옆 남자 지원자에게 이렇게 물었다.

"왜 기자를 하지 아나운서를 하려고 해, 남자가?"

그의 대답은 무난했다.

"손석희 아나운서의 〈100분 토론〉을 보고 앵커가 되고 싶다고 생각했습니다."

그때까지 이렇다 할 질문을 받지 못했던 나는 기분이 썩 좋

1장 잘 대화하는 법에 대하여

지 않았다. 코에 반쯤 걸친 안경 너머로 한심하다는 듯 질문을 던지는 사장의 표정도, 아나운서 최종 면접자에게 기자를 하지 그러느냐고 묻는 태도도 마음에 들지 않았다. 또 바로 옆의 지원자는 서울대 출신으로 벤처기업 이사까지 맡고 있다면서 왜 아나운서를 지원해 면접관들의 관심을 독차지하는지 열등감도 느꼈던 것 같다. 이런 감정과 생각들로 면접에 집중하지 못하고 있던 순간, 같은 질문이 내게도 던져졌다.

"자네는 왜 아나운서를 하려고 해?"

아나운서가 되고 싶은 이유 정도야 당연히 미리 준비해갔지만, 그 순간 내 입은 전혀 다른 말을 하고 있었다.

"사장님은 중국 음식점 가시면 짜장면을 드십니까? 짬뽕을 드십니까?"

한동안 침묵이 흘렀다. 면접관들의 표정에는 당신이 지금 느끼는 바로 그런 황당함이 역력했다. 사실 나는 그런 사람이 아닌데, 그 순간만큼은 소위 '똘끼(또라이의 끼)' 충만한 반항아로 비쳤으리라.

"뭘 먹어야 하는데?"

예상치 못한 반문에 R 사장도 적잖이 당황한 모습이었다. 면접의 불문율 중 하나는 '면접관에게 그것이 무엇이든 묻지 말 것'이다.

"연세가 좀 있으시니, 면보다는 그래도 소화가 조금이라도 잘 될 볶음밥이 어떨까요?"

최종 면접은 그렇게 마무리되었고, 그날 밤 인사과로부터 출근하라는 전화를 받았다.

당시 내 나이가 한창 혈기 왕성한 젊은 나이였다. 그러니 내 눈엔 당시 사장과 면접관들이 얼마나 꼰대로 보였겠는가. 그렇게 시작된 그와의 인연은 이후로도 길게 이어졌다. 시장 선거에 출마하면서 내게 홍보 영상의 내레이션을 부탁하셨고, 시장에 당선된 후에는 큰아들의 결혼식에 사회를 청하기도 했다. 바로 그 결혼식 날, 그와 나의 두 번째 카이로스가 찾아왔다. 축가로 초대된 가수가 교통 체증으로 30분이나 늦는 바람에 내가 어떻게든 그 시간을 책임져야 했다. 급기야 나는 그날의 혼주였던 R 시장과의 앞선 면접장 일화를 하객들에게 들려주었다. 덕분에

1장 잘 대화하는 법에 대하여

무사히 축가가 시작될 때까지 화기애애하게 시간적 여유를 벌 수 있었다. 식이 끝난 후 마주한 R 시장은 이렇게 말했다.

"내가 면접장에서 그런 말을 했나?"

*** *

그리스 신화에서는 BC 5세기경부터 카이로스가 제우스의 막내아들이자 젊은 청년의 모습으로 묘사된다. 인간의 형상을 갖춘 신들이 미술 전반에 등장하는데, 유일하게 시간과 관련된 신이 흐로노스가 아니라 카이로스라는 것은 이것이 인간의 삶에서 얼마나 중요한 의미인지 짐작케 한다. 한편 카이로스는 '기회opportunity'라고 번역되기도 한다. '적절한 때right timing'와 연관 지어 해석해보면, 카이로스는 개인에게 주어진 적절한 순간을 어떻게 의미 있는 기회로 만들 것인지의 문제로 귀결된다.

고대 그리스의 레토릭rhetoric에도 카이로스가 등장한다. 어느 시점에 어떤 말을 해야 설득의 시간을 성공적으로 이끌 수 있는지에 대한 공식은 없다. 소피스트sophist들은 각각의 경우가 너무나 다양하기 때문에 규칙을 배워 적용하는 방법으로는 이 카이로스를 터득할 수 없으며, 오직 오랜 경험과 연습을 통해서만 체득할 수 있다고 봤다.

수사학을 뜻하는 레토리케rhetorike는 '레토르rhetor'와 '이케ike'의 합성어다. 레토르는 '공식 석상에서 연설하는 사람'을, 이케는 '기술'을 가리킨다. 결국 레토리케란 '공식적인 자리에서 말을 하는 사람의 능력과 기술'을 뜻한다. 수사학은 정치 연설이나 법정 다툼의 주요 전략으로 여겨졌다. 기술적인 면에서 보면 사람마다 태생적인 수준의 차이가 있는 것도 사실이다. 이런 특성에 따라 습득과 훈련의 과정이 필요하다.

아테네에 철학 학원인 아카데메이아academy를 설립한 그리스 철학자 플라톤Plato은 인간 세상을 카이로스와 튀케라는 두 신이 다스린다고까지 말했다. 카이로스는 '기회'로, 튀케는 '운명' 또는 '행운'으로 해석할 수 있다. 인간의 모든 일은 운명이든 우연이든 예기치 않은 순간에 찾아오게 되며 이를 기회로 삼아 자신만의 시간, 즉 카이로스로 만드는 것이 결국 삶을 결정짓는다는 의미라고 할 수 있겠다.

영화 〈죽은 시인의 사회〉에 등장해 지금까지도 회자되는 말인 카르페 디엠의 의미는 'Seize the day, 현재를 즐겨라'는 뜻이다. 이는 단순히 현재를 즐기라는 말이 아니다. 현재의 시간을 자신의 것으로 만들라는, 개인의 삶에 대한 지상명령至上命令과도 같다. 운명이라는 굴레를 스스로의 노력으로 결정짓는 힘은 카이로스에 있다. 카이로스를 통해 인간은 결과를 장담할 수는 없지만 적어도 결정권은 가지게 되었다.

Seize the moment, kairos!

(지금을 너의 의미 있는 순간으로 만들어라!)

단
한 문장

전하고 싶은
내용이 있다면
단 한 문장으로
표현해보라

"친구, 진정한 용기는 언제 죽일지 아는 게 아니라, 언제 살릴
지를 아는 것이라네."

평범한 농부였지만 우연히 세상의 운명을 결정할 거대한 전
쟁의 중심에 서게 된 빌보. 잔인하고 커다란 오크족을 피해 자신
의 몸 하나 지키기도 버거웠던 소인족 호빗의 한 청년이 영웅으
로 거듭나는 출발점은 바로 마법사 간달프의 이 한 문장이었다.
그는 사랑하는 동료들과 고향 마을을 지키기 위해 검을 드는 용

기를 발휘하기로 한다. 영화 〈반지의 제왕〉 시리즈를 이끄는 긴 여정의 하이 콘셉트high concept를 보여주는 내사다.

영화는 태생적으로 '만약에 ~라면?'이라는 질문에서 출발한다. "만약 공룡을 현대에 되살려내면 어떤 일이 벌어질까?"라는 질문에 대한 하이 콘셉트가 "현대 DNA 기술로 유전자 복제를 통해 공룡을 되살려내다."라는 대답을 떠올리게 했고, 이는 한 편의 영화가 됐다. 모든 창조는 '왜?' 혹은 '무엇을 위해?' 등의 질문에서 출발한다. 그리고 그 궁금증을 현실에 앞서 미리보기나 맛보기처럼 보여주는 매체가 바로 영화다.

할리우드 영화 산업에서 비롯한 '하이 콘셉트'라는 표현은 서로 무관한 아이디어의 결합을 통해 새로운 개념을 만드는 경향을 지칭한다. 미래학자 다니엘 핑크Daniel Pink는 이렇게 말했다.

"창조적, 독창적, 예술적 콘텐츠에 바탕을 둔 패러다임인 하이 콘셉트는 이 시대를 대표하는 소비 가치의 기준이다."

다시 해석하자면, 하이 콘셉트를 구현할 때에는 어떤 영역 인지 상관없이 일단 새로워야 한다는 것이다. 또한 단순히 기술과 기능의 측면뿐 아니라 예술과 감성의 측면까지 두루 갖춰야 한다.

영화 〈쥐라기 공원〉은 하이 콘셉트로 만들어진 대표적 할리우드 블록버스터로 꼽힌다. '현대 과학으로 멸종한 공룡을 복제하다'라는 상상에서 출발한 이 영화는 시리즈로 제작되며 엄청난 흥행을 기록했다. '꿈의 공장', '꿈을 그리는 감독' 등의 수식어가 말해주듯, 21세기 창의적인 영화 감독으로 손꼽히는 스티븐 스필버그Steven Spielberg의 다음 말에는 독창적 창작 단계에서의 가장 중요한 요소가 담겨있다.

"좋은 영화는 스물다섯 개 단어 이내로 전할 수 있는 이야기이다."

이는 영화 시나리오 작가는 물론이고 다양한 분야에서 창작을 꿈꾸는 이들과 모든 이야기꾼이 갖추어야 할 필수 조건이다. 요즘 대두되고 있는 '퍼스널 브랜딩personal branding'의 핵심일 수도 있겠다.

***

할리우드가 세계 영화의 중심으로 자리 잡은 후 수많은 감독 지망생들이 자신의 시나리오가 간택 받기를 꿈꾸며 모여들었다. 아카데미 홈페이지에 가면 이런 지망생들이 자신의 작품을 알릴 기회의 공간이 마련되어 있는데, 이를 일명 로그 라인log line 이라 한다. 로그 라인은 주로 이야기의 방향, 특히 영화의 스토리와 관련해서 사용하는 용어다. 자신의 이야기가 무엇을 말하는지 한 문장으로 요약한 줄거리로, 미국 할리우드 제작자들에게 자신의 시나리오를 소개할 때 활용한다.

이는 좋은 스피치의 핵심적인 요소들과도 공통된 DNA를 가지고 있다. 바로 하고자 하는 이야기를 '흥미롭고 함축적이며 간결하게 요약해야 한다'는 점이다. 우리에게 익숙한 영화를 한 문장으로 표현하는 연습부터 해보자. 다음 각 한 문장들을 보고 어떤 작품인지 떠올려보라.

- 재벌가의 정략결혼을 하게 된 여자가 초호화 유람선에서 우연히 만난 로맨틱한 하층민 남성과 죽음을 초월한 사랑을 완성해 간다.

- 꿈꾸는 이들을 위한 도시 LA에서 재즈 피아니스트 세바스찬과 배우 지망생 미아가 만나 미완의 사랑과 꿈을 이루기 위해 인생의 가장 빛나는 시간을 만들어 간다.

– 비극적 사건으로 임신한 아내를 잃은 전직 특수요원이 전당포를 운영하며 알게 된 이웃집 소녀가 범죄 조직에 납치되자 그녀를 구하기 위해 목숨을 건 싸움에 나선다.

– 형편없는 실적으로 해체 위기에 놓인 마약반이 국제 범죄 조직을 소탕하기 위해 위장 창업한 치킨집이 대박 나며 수사와 장사가 주객이 전도된 상황을 맞는다.

순서대로 〈타이타닉〉, 〈라라랜드〉, 〈아저씨〉, 그리고 〈극한직업〉이다. 많은 관객의 사랑을 받으며 흥행한 할리우드와 국내 영화 각 두 편씩의 로그 라인을 새로 써보았다. 혹 단어 수를 세어 보았는가? 네 편의 영화 모두 이십여 개의 단어를 한 문장으로 표현했다. 당신이 재미있게 보았던 최근 영화나 인생 영화의 로그 라인을 직접 작성해보자. 드라마도 좋다. 스무 개에서 스물다섯 개 단어를 사용해 한 문장으로 내용을 요약하는 것은 생각만큼 쉽지 않다. 여기에 더해 자신만의 독창적 표현을 담아 낼수 있다면 금상첨화다. 할리우드 재주꾼들이 투자자와 영화팬들의 이목을 사로잡는 일명 '후킹 센텐스hooking sentence'가 곧 하이 콘셉트이며 로그라인이다.

영화 산업에서 비롯한 이 개념은 일상에서 발생하는 커뮤니케이션 문제를 해결하는 실마리를 제공하기도 한다. 이는 대화와 설득에 있어 오해를 줄이고 말하려는 바를 명확하게 하는 가장 좋은 방법의 하나다. 당신 주변에 수많은 이야기를 쉴 새 없이 쏟아내지만 도무지 무슨 말을 하려는지 알 수 없는 친구가 있는가? 아니면 당신이 그런 사람은 아닌가? 그들에게 필요한 훈련이 바로 로그 라인을 작성해보는 연습이다.

　두 시간 남짓의 영화나 짧은 단편 소설을 읽고 스물다섯 글자를 넘지 않게 요약해보자. 아니면 좋아하는 드라마를 보고 매회를 한 문장으로 말해보라. 이 훈련은 당신의 메시지를 명료하고 적절하며 간결하게 만들어 줄 것이다. 하이 콘셉트 하나로 수천억을 움직일 수 있다면, 우리 일상에서의 작은 기적을 일으키는 것 정도는 충분히 가능하지 않을까? 이미 사그라지고 있는 연인의 마음을 되돌리고, 피튀기는 취업 면접 경쟁에서 선택받는 일이 생길지도 모른다.

　잊지 말아야 할 것은, 한 문장으로 정리할 수 없는 이야기라면 한 시간이 주어져도 상대에게 그 의미를 정확하게 전달할 수 없다는 사실이다.

단 하나의
이야기

이야기의
본질을
기억하라

서사narrative는 어떤 행위와
관련한 일련의 사건을 언어로 재현함을 의미한다. 그리고 서사
구조를 지닌 문학 작품이나 영화 속에 등장하는 개별적인 사건
들을 플롯plot이라 한다. 인간의 기억이나 스토리가 시간의 순서
에 따라 저장되고 서술되는 것과 달리, 플롯은 시간의 흐름을 거
스르거나 때론 건너뛰기도 한다. 즉 플롯은 화자나 작가가 자신
이 말하고자 하는 주제를 부각하기 위해 의도대로 사건을 재구
성하는 방식이다.

1장 잘 대화하는 법에 대하여

소설이나 영화 속에서 다양한 인물과 그들에 얽힌 사건을 뒤섞어 놓거나 시간을 역순으로 배치하는 등의 플롯 구성은 독자나 관객의 궁금증을 자극해 몰입을 이끌어 내는 역할을 한다. 즉 이러한 극적인 장치는 결국 전하고자 하는 주제를 흥미롭고 명확하게 하는 데 목적이 있다. 수많은 사건과 인과 관계, 그리고 뒤틀린 시간은 극의 정점으로 가며 퍼즐을 맞추듯 맞아 나가고, 이를 통해 전하고자 하는 주제가 매직아이처럼 떠오르게 되는 것이다.

플롯을 기가 막히게 배치하는 천재 감독처럼 다양한 시간과 사건을 넘나들며 몰입감을 높이는 이야기 고수들이 주변에 종종 있다. 반면 이런저런 사건들이 등장하지만 도무지 무슨 말을 하려는지 갈피를 잡지 못하는 사람은 비할 수 없이 많다. 소위 '맥락'이 없는 말들이다. 이런 친구들이 대화 도중 한 번은 꼭 하는 말이 있다.

"그런데, 우리 무슨 얘기하고 있었지?"

맥락은 대화의 흐름이며, 화자와 청자가 놓인 상황과도 밀접하게 연관된다. 맥락 없이 이야기하는 사람이 상황 파악 못 하는 천덕꾸러기 취급을 받는 이유도 여기에 있다. 영국의 소설가 에드워드 포스터E.M. Forster의 말은 이를 명확하게 보여준다.

"플롯이란 '왕이 죽자 슬픔을 못 이겨 왕비도 죽었다'와 같은 표현 방식이다."

그러나 우리 주변에는 여러 가지 이야기를 백화점식으로 나열하는 데에만 그치는 오류를 범하는 사람들이 흔하다. 이는 마치 '왕이 죽었다. 많은 사람들이 슬퍼했다. 왕비도 죽었다'로 이야기를 마무리하는 꼴이다.

***

모바일 게임 속 스토리텔링을 '이야기'라 할 수 있을까? 주인공과 시대, 배경, 등장인물 등의 스토리텔링 요소를 가지고는 있지만, 각 단계별 인과 관계는 약하다. 그저 다음 단계로 가기 위해 전 단계의 임무를 완수할 뿐, 게임 전반을 관통하는 완결된 이야기가 존재하는 것은 아니다. 그런데 게임의 형식을 빌렸지만 완벽한 스토리텔링을 보여 주는 작품이 있다. 바로 쿠엔틴 타란티노Quentin Tarantino 감독의 〈킬 빌〉이다.

주인공 '더 브라이드(우마서먼 분)'는 결혼식 당일에 자신이 속했던 조직의 일원들로 인해 남편은 물론 배 속의 아기까지 무참히 살해당하고 이후 여전사로 변해 복수에 나선다. 영화는 게

임의 스테이지처럼 몇 개의 장으로 이루어져 있고, 장소를 옮겨가며 악당들을 한 명씩 해치워 나가는 구조다. 1인칭 시점에서 펼쳐지는 액션신은 마치 슈팅게임을 즐기는 듯 착각을 불러일으킨다. 하지만 주인공의 복수 과정은 결국 이 모든 사건의 정점인 '빌(데이빗 캐러딘 분)'을 찾아가는 여정이다. 그를 찾아 복수를 완성하기까지 인물과 사건의 인과 관계는 하나의 이야기를 완성하는 얼개로 충실히 작용한다. 단순히 악당을 죽이고 스테이지를 클리어하는 것이 아니라, 최종적으로는 유기적으로 엮인 완결된 스토리로 완성된다.

극적인 재미를 배가시키기 위해 개별 플롯을 배치할 때 잊지 말아야 할 것은 관객의 머릿속에 단 하나의 이야기만을 명확히 심어야 한다는 점이다. 극장을 찾은 관객들은 한 편의 영화에서 하나의 설정만을 받아들인다. 호화 유람선에서 만나 신분의 격차를 뛰어넘어 결혼하고 아이를 낳았는데, 그 아이가 납치되어 악당을 물리치며 구한 후, 경찰과 악당의 친형에게 동시에 쫓기는 스토리를 원하는 관객은 없다.

미국 처세술 전문가인 데일 카네기Dale Carnegie는 "이야기는 케이크가 아닌 케이크에 입히는 설탕과 같다."고 했다. 단순히 흥미롭다거나 인상적이라는 이유로 주제나 상황과 무관한 이야기를 늘어놓아선 안 된다. 대화의 맥락을 찾지 못하거나 자신이 하고 싶은 말만 불쑥 꺼내 놓는 사람들이 흔히 하는 실수다. 영화·텔레비전 시나리오 작가이자 제작자인 리처드 맥스웰Richard Maxwell도 같은 취지로 "이야기란 하나의 사실을 감정이라는 포장지로 감싼 것"이라 표현했다. 장식용 설탕이나 감정이라는 포장지에 비유된 이야기는 본래의 목적과 목표를 드러내고 표현하기 위한 도우미에 지나지 않는다는 이야기다. 결국 본질은 '케이크'와 '사실'이다.

**

뉴스 진행자가 배를 정박시키는 '앵커'에 비유된다면 스토리텔러는 '선장'이라 할 수 있다. 선장은 목적지를 설정하고 끊임없이 현재 위치를 파악하며 목표 지점을 향해 운항해 나간다. 대화와 설득은 상대의 동의를 유도하는 것에서 그치지 않고 행동하게 하는 것이 궁극의 목표다. 이를 위해 개인의 경험이든 역사적 사례든 당신이 활용하는 이야기는 전체 주제와의 관계가 명확해야 한다. 마틴 루터 킹Martin Luther King Jr 목사의 그 유명한 연설에서조차 "나는 꿈이 있습니다."라는 목표가 연설 내내 반복된다. 이는 청중에게 주제를 다시 환기시키는 동시에 화자와 청자 사이에 존재하는 망망대해에서 이야기가 길을 잃지 않게 하는 등대의 역할을 한다.

논술 시험에선 두 장의 페이퍼가 주어진다. 하나는 시제에 따라 나만의 논리를 풀어 제출해야 하는 답안지다. 한 장은 어떤 용도로 주어지는지 아는가? 이야기를 구상하고 개요를 적어 볼 수 있는 연습용 페이퍼다. 물론 구상의 단계 따위는 가볍게 생략하고 무작정 글을 쓰는 수험생도 적지 않다. 그러나 막상 길을 잃었을 때 이미 열심히 작성한 글을 새 답안지에 다시 쓰기엔 시간이 부족하다. 최악은 반쯤 썼을 때 잘못된 방향임을 인지하는 경우다.

말은 글과 달리 미리 정리하고 다듬을 시간을 주지 않는다. 한 번 입을 떠난 말은 되돌리거나 다른 의미로 포장하기 어렵다. 이야기 지도의 형식 안에 순간마다 경로를 수정하고 따라 가야 하는 어려운 과정이 바로 스토리텔링이다. 그렇기에 파편처럼 흩어진 단어와 단어, 문장과 문장, 그리고 단락 간의 유기적 인과 관계를 찾아가는 것은 마치 내비게이션의 안내를 따르는 것과 같다. 일찍이 전설적 야구 선수 요기 베라Yogi Berra는 이렇게 말했다.

"어디로 가는지 모르고 있다면 결국 엉뚱한 곳에 도달하게 된다."

믿음을 만드는
진솔함

약점을 인정하되
상대의 신뢰를 구하는
마법의 문장

의심의 여지 없이 항상 옳은 것이 있다. 바로 라면이다. 대한민국 국민의 라면 사랑은 두말하면 잔소리다. 라면은 원래 부실한 음식의 대명사였다. 그러나 세월이 흐르며 라면은 훌륭한 한 끼 대체식품으로 성장했고, 이제는 전 세계 인스턴트 시장에서 인정받고 있다. 치열한 경쟁 끝에 국내 시장에서는 신라면이 무려 30여 년 동안 정상을 차지해왔다. 그러던 중 선두 경쟁에 도전장을 던진 제품이 있었으니, 바로 오뚜기의 '진라면'이다.

진라면은 숫자 2에 주목했다. 광고의 내용은 이랬다.

"사실 우리나라에서 제일 많이 팔리는 게 진라면이 아닙니다.
하지만, 아니면 어떻습니까?"
"아우, 이렇게 맛있는데! 언젠가는 1등 하지 않겠습니까?"

라면 시장 내 2위라는 사실을 먼저 알리면서, 언젠가는 신라면을 밀어내고 1위에 오르겠다는 일종의 선전포고였던 셈이다. 이후 회사 차원의 지원과 집중 투자를 통해 오뚜기 진라면은 2019년 여론 조사 기관 닐슨코리아의 국내 라면 시장 점유율 조사에서 처음으로 농심 신라면을 제치고 1위를 차지했다. 진라면의 2등 전략이 성공했다는 지표였다.

2위 전략은 과거 미국의 렌터카 업체 에이비스Avis에서도 톡톡히 재미를 본 바 있다. "우리는 2등입니다. 그래서 우리는 더 열심히 노력합니다."라는 카피 문구로 시장 내 게임 체인저가 된 사례다. 스스로의 단점을 언급하고 비전을 제시해 신뢰성을 향상시키는 효과를 꾀한 것이다.

스스로 부정적 정보를 공개해 반전을 이룬 사례는 그 외에도 광고 마케팅 분야에서 어렵지 않게 찾아볼 수 있다. 그러나 오해하지 말아야 하는 점이 있다. 약점을 제시한다는 것은 스스로의 현재 위치를 명확히 인지하고 인정한다는 의미이지, 그것을 봐달라는 뜻이 아니다.

"제가 정확히는 모르겠습니다. 그러나 노력해보겠습니다."
"사람들 앞에 서면 너무 떨려서 잘할 지는 모르겠습니다."
"자신은 없지만, 열심히 하겠습니다."

이처럼 전문성을 의심하게 하는 언어들은 전략이 아니다. 그냥 스스로 무능함을 드러내는 것이며, 실패에 대한 면피용이거나 실패에 따른 상처를 두려워한 예방접종에 불과하다.

***

모 철강 회사 영업사원들을 대상으로 특강을 진행하며 자기소개 스피치의 중요성을 특히 강조했다. 특히 영업직군이 상대하는 고객들은 긴 시간 동안 대화를 나눌 수 없는 상황에 처하게 된다. 그래서 영업사원을 대하는 고객들의 보수적인 태도를 들어, 명함을 건네는 순간 짧게 할 수 있는 자기소개를 준비하도록 한 것이다. 그런데 한 신입사원의 자기소개가 내 귀를 쫑긋 서게 했다.

"저희 회사의 철근이 저렴하다고는 말할 수 없습니다. 그러나 어느 회사보다 더 빠르게 원하는 만큼의 철근을 공급해 드리겠습니다."

공사 기일을 맞추지 못하면 건설비가 증가하는 현장의 애로 사항을 반영한 내용도 한몫했지만, 이 짧은 말에는 두 가지 설득 기술이 구사됐다.

첫째, 강점에 앞서 약점을 제시하는 전략이 맞아떨어졌다.
둘째, 대립 접속부사를 구사해 강점을 명확히 부각시켰다.

자신의 현 위치를 명확히 인정하고 더 나은 상황을 위해 최선을 다해 좋은 결과를 이끌겠다는 긍정성을 보여주면 사람들은 그 말을 신뢰한다. 호감의 핵심이 진정성에 있다면 인정과 긍정은 신뢰의 시작이다. 따지고 보면 처음부터 자신이 없다는 전제를 깔고 이야기를 시작하는 사람들에 비해 딱 한 걸음 더 나아갔을 뿐이다. '신뢰信賴'는 이미지의 인지적 측면이기 때문이다. 영단어 'trust'의 어원은 독일어 'trost'로 '편안함'을 의미한다. 누군가를 믿게 되면 정신과 마음이 편안해지기 때문일 것이다. 이는 상대에게 느끼는 전문성 및 신뢰감과도 같다. 다양한 전문서나

논문에서 '공신력'이나 '신뢰성'으로 혼용 표기하기도 하는데, 공신력이라는 용어는 고대 그리스의 수사학자인 아리스토텔레스가 말한 설득의 세 가지 요소 중 '에토스ethos'에서 시작되었다. 에토스는 청자가 화자의 자질을 표현하는 언어다.

사실 현실에선 '무엇'을 이야기하는지보다 '누가' 이야기하는지가 더 중요한 순간들이 많다. 국회의원이나 대학 교수와 같은 '권위權威'를 가지고 있거나 유명 연예인이나 스포츠 스타처럼 '인기人氣'를 누리는 사람의 말은 더 잘 통한다. 누구나 살면서 느꼈을 흔한 감정과 교훈이라도, 이들이 대중 앞에 툭 던져 놓는 순간 명언이 되는 마술 같은 일을 우린 자주 본다. 그래서 방송국 패널이나 전문가 집단은 항상 전직 의원이거나 교수 혹은 변호사들이다. 아니면 뭘 하는 회사든 상관없이 'CEO(대표)'라는 타이틀을 달기 위해 애쓰거나, 심지어 방송국에서 가져다 붙여 주는 경우도 많다. 이유는 '권위'와 '인기'는 사람들에게 '권력權力'으로 받아들여지기 때문이다.

인간은 믿고 싶어 한다. 믿을 수 있어야 스스로가 편하기 때문이다. 권위에는 '동경憧憬'이, 인기에는 '애정愛情'이 내포되어 있다. 동경과 애정의 한자를 다시 보라. 모든 글자에 공통적으로 '마음 심心'자가 들어가 있다. 그래서 신뢰는 이미지의 인지적 측면이면서 동시에 마음에서 비롯한 감정의 문제라고 해석할 수 있다. 앞서 신뢰의 어원이 편안함이라 하지 않았는가. 이렇듯 믿고 싶은 '마음'이 내재된 구도에서 권위를 가진 사람이나 인기인의 말은 큰 영향력을 발휘한다. 그러나 권위와 인기가 근본적으로 신뢰와 동의어가 될 수는 없다.

중요한 것은 언제나 마음이다. 진심은 항상 옳다.
라면처럼 말이다.

좋은 사람이
좋은 말을 한다

배려의
마음

안녕하시렵니까?

진정성을 나누는
정서적 스킨십을
건네보자

20대 대선 투표 날이었다. 개표 방송을 위해 평소와는 다른 마음가짐으로 지하철 승강장을 걷고 있었다. 그런데 누군가 허리를 반으로 접은 채 인사를 하고 있는 게 아닌가. 당일까지도 지지를 호소하는 후보가 있나 싶던 순간, 빨간색도 파란색도 아닌 회색빛의 허름한 옷을 입은 한 노인이라는 것을 깨달았다. 할머니는 인사가 아닌 세월의 무게로 인해 굽은 허리가 되신 모양이었다. 지팡이 대신 우산을 짚으셨다. 날이 화창한데도.

요즘에는 90도 인사를 할 일도, 받을 일도 거의 없다. 대선이나 총선이 임박하면 유세 현장이나 지하철역에서 허리 접은 폴더 인사를 받지만, 그래서 더 낯설고 진정성이 느껴지지 않는 듯하다. 딱 선거 기간에나 영혼 없이 누리는 호사다. 10여 년을 함께한 동료들 사이에서도 으레 까딱하며 목례를 주고 받는 것이 일상인데 하물며 그들이 날 언제 봤다고 정성 들여 인사를 하겠는가. 그 인사에서 진정성이라고는 눈곱만큼도 느껴지지 않는 게 당연할 것이다.

할머니와 나는 7호선을 함께 탔다. 어르신은 경로석에 앉고 나는 바로 그 옆의 일반석에 앉았다. 공휴일이라서인지 사람이 없어 유독 할머니의 행동이 눈에 들어왔다. 두 정거장쯤 갔을까. 할머니는 대뜸 우산을 짚고는 맞은편 창을 향해 섰다. 그리곤 굽은 허리를 한층 더 웅크리고는 열차의 흔들거림에 휘청이면서도 무언가를 열심히 하시는 게 아닌가. 그분이 힘겹게 자리로 돌아간 후 시선을 향해보니, 할머니는 자전거를 세우는 쇠 봉에서 창부터 바닥까지 늘어진 실리콘을 곱게 묶어 놓으신 거였다. 두 정거장 가는 동안 길게 늘어져 흔들거리는 실리콘을 바라보다가 행동에 옮긴 것이리라. 거사를 마친 듯 몇 차례 깊은 숨을 몰아쉰 할머니는 기분이 좋으신지 노래를 흥얼거리셨다.

***

　한때 중국에 진출한 우리 기업들이 가장 힘겨워했던 부분이 바로 '관시關係'라 하는 관계 문화였다. 중국에서 사업에 성공하기 위해서는 '친구'만큼 중요한 것이 없어서, 먼저 친구가 된 후에 사업을 한다는 말이 있을 정도다. 이는 단순히 인간관계의 중요성을 말하는 것이 아니라, '상호성'에 기반한 우애를 뜻한다는 점에 주목해야 한다. 설득할 대상을 향해 "나는 당신을 가족이라고 생각합니다.", "우리는 함께 같은 곳을 향해 가고 있습니다."와 같은 적극적 표현과 더불어 '내 모든 것은 당신을 위한 것'이라는 진정성도 전해져야 한다. 그러나 그 진정성을 나누기까지는 많은 노력과 적지 않은 시간이 필요하다.

　심리학 용어에서 '스트로크stroke'란, 관계 속에서 서로 주고받는 모든 것을 말한다. 사전적으로는 '어루만지다', '쓰다듬다' 또는 '듣기 좋은 말로 상대의 자존심을 만족시키다'라는 범의를 가진다. 결국 인간관계에서 호의를 주고받는 모든 행동과 언어를 통칭하는 용어라고 할 수 있겠다. 나는 이를 '스킨십 커뮤니케이션skinship communication'이라 칭한다.

　모유 수유가 아기에게 미치는 긍정적인 요인은 두 가지 정도로 본다. 하나는 모유 섭취를 통해 면역력이 향상되는 생물학적 장점이고, 또 하나는 엄마의 심장 박동과 체온에서 심리적 안정을 얻는다는 점이다. 유아기의 안아주기, 쓰다듬기 등의 스킨십은 아이에게 사랑과 관심을 느낄 수 있는 정서적 안정을 가져다준다. "Out of sight, out of mind(눈에서 멀어지면 마음도 멀어진다)."라고 하지 않는가. 황혼에 접어든 노인들에게도 이는 그대로 적용된다. 하루가 멀다 하고 싸울지언정 노부부가 손주의 육아에 일정 시간 참여하거나 함께 어떤 활동을 하면서 지내는 것이 신체 건강에도 도움이 되고 수명도 연장된다는 연구가 있다.

경험적 가족 치료의 기초를 세운 사티어Vriginia Satir는 "사람이 생존하려면 하루에 4번의 포옹이 필요하고, 그럭저럭 살아가려면 하루에 8번의 포옹이 필요하며, 건강하게 성장하려면 하루에 12번의 포옹이 필요하다."라고 말했다. 그러고 보면 가수 윤하의 노래 〈비밀번호 486〉의 가사인 "하루에 4번 사랑을 말하고, 8번 웃고, 6번의 키스를 해줘. 날 열어 주는 단 하나뿐인 비밀번호야."도 괜히 나온 게 아니다.

스킨십, 즉 신체적 스트로크는 아이의 성장에 따라 칭찬이나 인정과 같은 정신적 스트로크 욕구로 옮겨 간다. 따라서 자녀에 대한 아쉬움의 잔소리나 야단보다는 칭찬과 인정의 정신적 스트로크도 필요하다. 고른 영양분을 갖춘 식사가 신체를 건강하게 키우듯, 긍정적 스트로크는 정서적 건강을 이루는 필수 요소이기 때문이다. 타인과의 관계에서도 대단한 말이 필요한 것이 아니다. 아침저녁 마주할 때마다 애정을 담아 "안녕하세요?" 인사를 나누고 호칭이나 지위가 아닌 상대방의 이름을 부르는 것이 긍정적 스트로크의 대표적 예다. 얼굴과 이름을 기억해 인사를 하는 사람은 성공의 중요한 기술을 이미 갖춘 셈이다. 더해서 상대의 아픔과 어려움에 공감해 주는 참된 위로의 말이 있다면 더할 나위 없다. 옥상달빛의 노래 〈수고했어, 오늘도〉처럼 말이다.

아리스토텔레스는 《변론술》에서 이에 대해 이렇게 정의하고 있다. "친구로서의 애정이란, 좋은 것에 대하여 자신을 위해서가 아니라 오로지 그 사람을 위해 바라는 것이며, 가능한 한 그 좋은 것을 그를 위해 실현시키려고 하는 것이다. 또한 친구란 누군가를 사랑하고, 상대에게 사랑을 되돌려주는 것이다." 신체적 스킨십과 정서적 스트로크를 통한 친밀감의 형성은 결국 관계에서 '믿음'이라는 연결고리가 된다.

***

대통령 선거엔 한국인이면 누구든 조건 없이 출마할 수 있다. 그러나 시도지사와 같은 지자체장 선거에 후보로 출마하기 위해선 해당 관할 지역에 60일 이상 주민 등록이 되어 있어야 한다는 조건을 갖춰야 한다. 한 명이라도 더 당선시키고 보자는 전략 공천은 억지로 관계를 엮어 보려는 후보들의 궁색한 출마의 변으로 이어진다. 태어나 몇 해 지나지 않아 서울로 이사해 수십 년을 살고서는 '대구의 딸'이라거나 '부산의 아들'이란다. 부모가 나고 자란 지역이니 자신에게도 제2의 고향이라고 주장하기도 한다. 60일 전에 주소를 옮기고 딱 59일 동안 지역민의 손을 잡아주고선 그들의 마음마저 내놓으라 요구한다. 차라리 그냥 이렇게 말하는 게 진정성 있지 않을까?

> "제게 표를 주신다면 앞으로 지역의 골목골목을 누비며 한 명의 지역민이라도 더 만나 이야기를 나누겠습니다. 걷다가 걸려 넘어질 돌부리를 뽑아드리고, 아픈 이야기에 함께 울고, 기쁜 이야기엔 칭찬을 아끼지 않겠습니다. 한 분의 시민이라도 더 그분들의 이름을 기억하겠습니다."

유세 기간 셀 수 없이 많은 폴더 인사를 하며 국민을 위해 모든 걸 바치겠다던 전직 대통령들은 임기 후 갖은 죄목으로 감옥에 가거나 검찰의 수사를 받았다. 그들이 임기 중에 해놓은 치적들도 곳곳에 보이지만 어차피 평범한 국민들 중 수많은 노동자의 손들이 만들고 이룬 것이니, 그들의 공이라고 할 것도 없다.

앞으로도 몇몇 정치인들이 청와대의 5년짜리 세입자가 될 테고, 청와대를 꿈꾸는 수많은 정치인이 국회로 출근을 할 것이다. 그러나 그들의 꿈이 과연 국민의 안위일까? 승객들의 불편을 생각해 반으로 굽은 허리를 한 채 흔들리는 지하철에서 늘어진 실리콘을 곱게 묶어 놓으신 할머니처럼, 그들의 허리가 항상 국민을 향해 반으로 접히길 기대하는 것은 무리일까?

유독 길었던 출근길, 할머니는 어느새 곤히 잠들어 계셨다. 그분이 묶어 놓은 매듭처럼 고운 꿈을 꾸시는 걸까. 되돌아보면 대통령 당선인들은 항상 제일 먼저 국민을 말했다. 소망을 이루어 주겠노라고, 모두가 꿈을 이루게 하겠다고 말이다. 그날의 승자도 분명 그리 말했을 것이다. 그리고 앵커석에 앉아 대통령 당선인의 이름을 외치던 나는 새벽까지 고생하는 선후배 동료들을 보며 이렇게 생각했다. 당장 나부터 재빠르게 움직이고 깍듯하게 90도 인사를 실천해보자. 잊고 있던 그들의 이름을 하나하나 불러주고, 작은 것 하나라도 관심 있게 지켜보고 칭찬해 주자. 처음 나를 선택한 회사의 모든 것과 모든 동료가 아름답게 보이던 그때로 돌아가서 말이다.

대한민국 국민 여러분! 아니 가족, 친지, 친구, 동료 여러분! 오늘도 모두, 안녕하시렵니까?

잘못 들었지
말입니다

장벽 없는
의사소통을 위한
약속

"K 일병, 지금 뭐 하고 있나?"

"잘 못 들었지 말입니다."

"다들 뒷정리하느라 바쁜데 여기서 뭐 하냐고?"

"잘 못 들었지 말입니다."

대규모 부대 행사를 마치고 뒤풀이 회식을 한 직후였다. 병
장 4호봉에 내무반장을 맡고 있던 나는 일반적으론 부대 잡일에
서 빠져도 되는 짬밥이었다. 하지만 스물세 살이라는 늦은 나이

에 군대에 가서 고생하다가 고참이 되고 보니, 한참 나이 차이가 나는 후임병들이 동생 같아 뭐든 함께할 수밖에 없었다. 그런데 사람 일이 내 마음 먹은 대로 간혹 내 딴에는 선의로 대했지만 뜻대로 흐르지 않는 경우가 종종 있는데, 그날이 그랬다. 다들 설거지며 청소로 바쁜 때에 유독 짬도 안 되는 그 녀석만 내무반에서 벤치프레스를 하고 있으니 어처구니가 없는 것이었다.

내가 복무한 부대는 육해공군 본부가 다 모인 계룡대라는 곳이었다. 여느 부대도 마찬가지겠지만, 유독 전국 팔도 청년들이 골고루 모여서 다양한 보직을 수행했다. K는 이등병으로 자대 배치를 받은 첫날부터 느릿느릿한 동작이나 상황에 맞지 않는 행동들이 영 마음에 들지 않았다. 나를 포함한 다른 부대원들도 아마 같은 생각을 했을 것이다.

"고문관 하나 왔구먼….".

고문관顧問官은 전형적인 군대 은어다. 미 군정 시대에 파견 온 미군 고문관들이 한국말을 몰라 헤매던 모습에서 유래했지만, 이후 어수룩하게 행동하는 사람을 놀림조로 이르는 말이 됐다. 군에서는 보통 상대의 말을 잘 못 알아듣고, 시키는 일을 제대로 해내지 못하는 병사를 지칭한다.

그런데 그 녀석은 고문관이라고 할 만큼 어수룩하지 않았다. 순하고 점잖은 구석도 있고, 딱히 이해도가 떨어지지도 않았으니 말이다. 문제는 그와 함께 생활하는 전우들에게 있었다. 위계가 분명하고 상벌이 즉각적인 군대에서 하나부터 열까지 친절하게 설명하는 사람이 있을 리 없다. 일방적으로 상대에게 발사된 언어들은 소통과는 애당초 거리가 있었다. 피드백이 있을 리만무했고, 군대라는 낯선 환경에 던져진 많은 청년들이 내심 그런 상황을 부조리하다고 느꼈을 것이다. 나 역시 마찬가지였을 텐데도 어느새 늘어난 짬밥 그릇 수만큼 기억도 희미해졌던 모양이다. 그러나 친절하지 않게 그저 던져지는 말들은 제대를 하고 사회에 나와서도 여전히 쉽게 마주한다. 일방적으로 던져지는 말소리를 듣다보면 군대라는 환경을 핑계로, 말을 다듬을 노력조차 회피했던 것은 아닐까하는 생각도 든다.

***

언어는 사회적 약속이다. 우리 사회에는 공통으로 약속된 여러 상징도 존재한다. 예를 들면 이런 것이다. 엘리베이터에 타기 위해 앞에 서 있는 두 친구가 있다. 멀뚱히 오른쪽에서 왼쪽으로 혹은 왼쪽에서 오른쪽으로 고개를 돌리며 엘리베이터의 동선을 알려주는 숫자를 보다 한 친구가 말한다. "벨 안 눌렀네?" '벨'을 누르지 않았다는 표현은 보통 누군가의 집 앞에 서 있을 때는 말 그대로 손님이 왔음을 알리는 '초인종'을 뜻할 것이다. 그렇기에 이 상황을 제3자에게 전달하기 위해선 "엘리베이터를 호출하는 버튼을 누르지 않았다."가 정확한 표현이 된다. 하지만 엘리베이터 앞에 선 두 친구 사이에서는 의미가 충분히 전달되었을 것이다.

서로 약속된 함의가 없을 때는 다소 난감한 상황이 펼쳐질 수 있다. 미국인들이 흔히 쓰는 구어체 중 이런 표현이 있다. "Easier said than done." 영어 문법에 익숙한 독자라면 틀린 표현임을 눈치챘을 테지만, 이 표현을 틀렸다고 지적하는 미국인은 거의 없다. 그러나 전후 사정 설명 없이 이 문장을 한국어로 해석하면 엄청난 오해의 여지가 생긴다. 한국어로는 "말이 쉽다."가 된다. 당신이 받아들인 의미는 어떤 뜻인가? 우리말로는 두 가지로 해석이 가능하다. 첫째, '이해하기 쉬운 말'이라는 뜻이다. 둘째, 특유의 뉘앙스를 풍긴다면 '말로만 하는 것은 쉽지'라는 다소 비꼬는 뜻으로 이해될 수 있다. 영어를 공부하는 외국인인 우리 입장에서는 전자와 같이 이해하는 경우가 있을 수 있다. 하지만 영어권에서 사용하는 의미는 후자다. 제대로 된 문장은 이렇다. "(It's) easier (to be) said than (to be) done."

언어의 경제성은 단순히 단어를 최소한으로 사용하는 것을 의미하지 않는다. 이미지의 장벽이 없는 의사소통을 위해서는 표현에 경제성과 정확성을 모두 담을 수 있어야 한다. 나는 이를 '간결함'이라고 칭한다. 우리는 일상 속에서 표현의 모호함이 가져오는 부정적인 의사소통을 매일같이 접하곤 한다. 출근 시간에 흔히 볼 수 있는 풍경은 출근하는 아빠와 등교하는 아들이 엄마와 벌이는 실랑이다.

> 아빠: 여보! 나 양말 좀 챙겨 줘요?
>
> 엄마: 거기 뒀어요!
>
> 아빠: 거기가 어디에요?
>
> 엄마: TV 진열장에요.
>
> 아빠: TV 진열장? 없는데?
>
> 아들: 엄마, 내 교복 넥타이는요?
>
> 엄마: 넥타이? 네 방에 뒀잖아!
>
> 아들: 방에 어디? 없어요!
>
> 엄마: 항상 네 옷장 서랍에 넣잖아!

대화는 늘 이런 식으로 흘러간다. 그러는 사이 아빠는 어제 신었던 양말을 세탁기에서 꺼내 신고 출근해버리고, 아들은 엄마 때문에 지각했다고 짜증 가득 찌푸린 표정으로 발을 동동 구른다. 결국은 설거지하던 손을 닦고 엄마가 직접 찾아서 손에 쥐어준 후에야 전쟁 같은 아침 시간이 지나간다. 이처럼 다급하고 부정적인 의사소통이 할퀴고 간 서로의 마음속 생채기는 실랑이가 끝난 후에도 오래도록 남아 마음을 괴롭히기도 한다. 물론 엄마의 잘못이 아니다. 스스로 물건을 챙기지 못한 아빠와 아들의 잘못이다. 하지만 매일 아침 피할 수 없는 전쟁이 펼쳐지고 있다면 대화를 이렇게 이끌어 가면 어떨까?

> 아빠: 여보! 나 검정 양말 신어야 하는데. 어디 있을까요?
> 엄마: 안방 TV 진열장 맨 오른쪽 서랍에 넣어 뒀어요.
> 아들: 엄마, 교복 넥타이 어디 있는지 알려주세요?
> 엄마: 네 옷장 제일 윗 서랍에 이름표와 같이 챙겨 뒀어. 이제 필요한 물건들은 전날 밤에 미리 좀 챙깁시다!

시계를 거꾸로 세워봐도 시간은 간다는 위로의 말처럼, 길었던 군 생활도 어느새 끝을 향해 가던 어느 날이었다. 매사에 뭐든 잘 모르겠다는 모호한 표정의 K는 군 생활 내내 폼생폼사였다. 내가 제대할 무렵 작대기 세 개를 달고 상병이 되어 위풍당당해진 녀석에게 마지막 당부를 전했다.

"후임병들 일하면 좀 돕고 그래라. 너도 이제 고참이니!"

민간인으로 돌아가기 위한 마지막 준비인 예비군 마크를 오버로크(군복에 계급장이나 이름표 등을 미싱으로 부착함을 의미) 치고 온 내가 꼰대 기색을 드러내자 K는 이렇게 말했던 것 같다.

"뭐라고 말입니까? 잘 못 들었지 말입니다."

'우리 사이'에
필요한 말

전하려는 내용과
상대와의 관계를
고려해서 말하라

"내 애마도 슬슬 문제가 있네. 좋은 카센터 있으면 소개해줘."

내가 진행하는 방송에서 출연자로 인연을 맺은 평론가 K의 부탁을 받고 독일 차 수리 전문점을 소개해 줬다. 와이퍼가 원활히 움직이지 않는 게 문제였는데, 처음 수리를 다녀와선 고맙다고 했다. 그런데 한 주 뒤 다시 만난 K는 뭔가 불만이 있는 모양이었다.

"아, 그 아저씨 너무 나이브naive해서 다시 못 가겠어."

사람들은 세상의 모든 것을 자신의 잣대로 바라본다. 이는 마치 안경테 안에 세상을 넣고 보는 것과 같다. 앞서 이를 이미지 장벽이라는 단어로 표현한 바 있다. 그리고 심리학에서는 '세상을 바라보는 마음의 창'이라는 의미의 '프레임'으로 정의해 왔다. 인간은 자기 중심성이 강하기 때문에 자신과 연관된 것에 마음이 편해지고, 어떤 것이든 자신과 관련지을 수 있을 때 기억도 더 잘 된다. 문제는 이 본능에 충실할수록 큰 착각에 빠질 가능성이 높다.

이를테면 자신은 세상을 있는 그대로 바라보기에 누구보다 공평한 사람이라 생각하는 식이다. 심리학에서는 '소박한 실재론naive realism'이라 하는데, 내 생각이 맞기에 내 선택에 타인도 동의할 것이라는 일종의 착각이다. 그런데 최근 들어 주변에 이렇게 스스로를 내세우는 이들이 제법 많아졌다고 느끼는 것은 나만의 생각일까.

"난 객관적인 사람이야."

2장. 좋은 사람이 좋은 말을 한다

***

말이 지닌 두 가지의 기능을 항상 잊지 말고 기억해야 한다. 하나는 무엇을 말하고 있는지에 관한 내용적인 측면, 다른 하나는 상대방과 어떤 사이이며 어떻게 변해가길 원하는지에 대한 관계적 측면이다.

"준호 씨, 이번 주말에 신입 사원 면접이 있는데, 별일 없으면 면접관 맡아 주지 않겠어?"

이 말에는 상사와 부하 직원이라는 위계 관계와 더불어 주말에 출근해야 한다는 내용까지 포함되어 있다.

"자기야, 이번 여름 휴가 어디로 갈까?"

이 표현은 이들이 함께 여행을 가는 연인 관계라는 것을 내포하는 동시에, 여름 휴가 장소를 결정하자는 내용을 수반한다. 대화에 있어 갈등 상황이 발생하는 이유는 대부분 커뮤니케이션의 두 기능이 서로 상충하기 때문이다. 말의 내용은 발화자와 떼어놓고 생각할 수 없다.

지하철에서 호감이 간다는 이유로 처음 보는 여성에게 대뜸 "시간 있으면 커피 한잔하실래요?"라고 한다면 데이트가 성사될까? 그 여성은 분명 이렇게 생각할 것이다. '이 사람 뭐야? 우리가 언제 본 사이라고?' 그렇다면 어떻게 해야 할까? 커피를 마시자고 제안하기에 앞서 관계부터 맺어야 하지 않겠는가. 한때 인터넷을 떠돌던 속칭 '작업 성공기'가 있다. 지하철에서 앞에 앉은 여성이 마음에 든 한 청년이 대뜸 그녀의 무릎 위에 법전을 올리고 내려버렸다는 것이다. 책의 첫 페이지에는 법대생의 학교와 이름, 그리고 연락처가 적혀 있었다. 여성은 어떻게 했을까? 그 이후의 일까지는 알 수 없지만, 적어도 그 남성이 호감을 표현한 것과 별개로 여성은 법전을 돌려줘야 하는 관계가 형성된 셈이다.

연인이나 부부 사이에 발생하는 다툼의 원인도 대부분 바로 이 커뮤니케이션의 두 가지 기능이 엇박자를 보인 탓이다. 친구와 다투고 나서 억울함을 토로하는 여자친구에게 "너도 잘못한 게 있네!"라고 말했다가 토라진 여자친구를 달래느라 진땀을 뺀 경험을 하게 될 것이다. 직장 상사의 부당함에 열변을 토하는 부인에게 "당신이 일을 잘했으면 그랬겠어?"라고 눈치 없이 내뱉었다가 싸늘한 시선을 받아야 했던 남편도 있을 것이다.

베스트셀러 《회복탄력성》을 쓴 김주환 교수는 이에 대해 "남성과 여성의 커뮤니케이션 방식에 차이가 있기 때문"이라고 설명한다. 남자들은 내용에 집중하는 반면, 여성은 관계를 중시하는 경향이 있다는 것이다. 때로는 무조건적인 지지를 표하는 것이 갈등을 피하는 핵심이 될 수 있다. 당신이 공평하다는 생각은 잠시 내려놓아라. 그리고 관계를 먼저 떠올려라. 지금 옆에 있는 사람과 행복하고 싶다면 전후좌우 내용을 분석하는 일 따위는 일단 집어치우라는 뜻이다.

내용과 관계를 생각해야 한다는 것은 그 외에도 모든 대화와 설득의 상황에서 상대를 대하는 당신의 태도에 적용되는 이야기다. 그러나 때로는 분명히 내 생각이 맞음에도 이에 동의하지 못하는 사람들을 이해하기가 쉽지 않다. 주제가 공익적이고 다수의 이익을 대변하는 문제일수록 이러한 간극을 도무지 받아들이기 힘들다. 여기서 딜레마가 발생한다. 설득은 상대의 동의를 이끌어내는 과정이고, 그 동의는 공감에서 비롯한다. 그렇다면 도저히 동의할 수 없는 의견을 가진 상대와의 대화나 협상은 모두 포기해야만 할까. 아니면 고집을 꺾고 관계를 지켜야 할까.

우여곡절 끝에 와이퍼 수리를 마친 후, 카센터에서 무슨 대화를 했으며 어떤 문제가 있었는지 평론가 K에게 묻지 않았다. 왜냐하면 나는 카센터 사장님과 평론가 K, 양쪽 사이에서 문제 없이 관계를 이어가며 잘 지내고 있었기 때문이다. 물론 상황을 들어보고 함께한 시간이 월등히 오래된 K의 편을 들고 싶은 마음이 크기는 했다. 그럴 리 없지만 설령 법정 다툼이라도 하게 된다면 말이다. 다행히 K 애마의 와이퍼는 이후 별문제 없이 눈물을 훔쳐내고 있다.

그렇고 그런 사이로 멀어질 것인지, 사랑과 존중을 주고받는 사이로 발전해 갈 지는 결국 서로 주고받는 대화의 내용과 관계의 절묘한 균형에 달려있다.

사랑이
노력으로
안된다는게

당신이 누군가와
함께하고 싶을 때
해야 하는 일

"사랑을 노력한다는 게 말이 되니, 노력으로 안 되는 게 있다는 게."

한때 후배 K의 차에 탈 때면 지겹게 듣던 노래의 가사다. 갓 서른을 넘긴 후배가 느낀 사랑에 대한 철학이었을까. 뜻밖에도 이 노래 가사를 몇 년 만에 다시 떠올린 건 어머니의 탄식과 같은 한마디 때문이었다.

군대에서 생활한 2년 6개월 남짓을 제외하고 어머니와 함께

한 시간이 사십여 년이다. 당시 우리 가족만큼이나 오랜 시간을 보내온 단독 주택이 더 이상 버티지 못해 대대적인 공사 중이었다. 인테리어 비용에 보태시겠다며 다시 일에 나선 어머니의 체력이 걱정되었지만 어머니는 오히려 내 체력을 걱정했다. 하지만 서로를 생각하는 마음과 달리, 나보다 먼저 집에 오신 어머니를 보고 퇴근 후 내가 던진 말들은 참 건조하고 무심했다.

"나 왔어요. 저녁 먹었어요?"

그리고 되돌아오는 어머니의 말들을 난 손을 내저으며 회피하곤 했다. 이렇게 말이다.

"어서 씻고 쉬세요. 피곤하잖아?"

언뜻 공손한 표현인 듯, 어머니를 걱정하는 듯 보이는 나의 말은 더 이상 소통하기엔 피곤하다는 단절의 선언이었다. 그때 돌아온 말이었다.

"아들도 말하는 게 힘들지? 엄마도 그래, 요즘."

2장. 좋은 사람이 좋은 말을 한다

사랑이 노력으로는 되지 않는다는 가사에 난 동의하지 않는다. 연인뿐 아니라 세상 모든 관계가 노력 없이는 이어지지 않는다는 믿음 때문이다. 세상만사는 사람의 일이기에 결국 관계로 귀결되며, 관계는 시작부터 끝까지 노력 없이는 아무것도 이루어지지 않는다. 단지 더 노력하는 사람과 그렇지 않은 사람이 있을 뿐이다. 따라서 사랑이 노력으로 되지 않는다는 변명은 애초에 그 사람을 진심을 다해 사랑하지 않았기 때문이라고 생각한다. 누군가와 사랑을 시작하는 게 어렵고 힘들다는 투정이라면 차라리 수긍할 수 있다. 그러나 사랑했던 사람들이 그 사랑을 유지하기 위해 노력해야 한다는 사실 자체를 부정하는 것이라면 나는 동의하지 않겠다.

노력은 의지의 문제이기도 하지만, 구조의 문제이기도 하다. 다시 말하자면 관계의 구조다. 연인이 관계의 내리막에 들어서 서로가 정보 회피자가 되는 순간, 이미 남으로 돌아갈 준비를 마친 셈이다. 더 이상 서로를 위해 노력하지 않아도 되는 관계가 되는 것이다. 연인, 직장 등과 같은 사회적인 인간관계와 달리 부모 자식의 천륜은 끊을 수 없기에 잠시 포기할지 몰라도 온전히 내던져지지는 않는다. 그러니 노력할 수밖에 없다. 평생을 함께하기로 다짐한 친구나 연인이라면 그 관계의 지속 역시 결국은 노력에 달린 게 아닐까.

한 연예 정보 프로그램에서 리포터가 한 배우에게 이렇게
물었다.

"이제 불혹을 넘기셨는데, 제일 달라진 점은 뭔가요?"
"어릴 때는 주변에 사람이 참 많았어요. (중략) 그런데 나이 들
고 보니 다 부질없더라고요. 이제 인간관계의 폭을 줄였어요.
마음 맞는 친구들 그리고 가족과 더 많은 시간을 보내고, 깊이
를 더하기 위해 노력해요."

딱 내 마음이었다. 아니, 매사에 흔들리는 삶을 살며 불혹은
옛말이라고 외치는 또래들이 공통적으로 느끼는 관계의 진리일
것이다.

＊＊＊

40. 내 나이가 아니다. 아버지가 태어나신 해다. 이미 두 번
째 틀니를 해 넣으신 아버지는 청력도 점점 희미해져 드라마에
서 보듯 귀에 가까이 대고 말하거나 아니면 고성을 내야 소통이
가능하다. 어머니가 말하기도 힘들다는 불평 아닌 하소연을 짧
게 던지신 며칠 후, 1년에 한 번 부모님과 여행하기를 실천하기

로 한 열 번째 날이 찾아왔다. 코로나로 한반도에 발이 묶여 우리도 또 한 번 제주를 휴가지로 선택했다.

잠이 없는 두 분의 하루 패턴을 감안하고, 저렴한 비행기를 이용하기 위해 겸사겸사 동트기 전 택시를 타고 공항을 향하던 때였다. 코로나가 한창이던 시기라 마른기침을 몇 번 하시던 어머니가 택시기사 눈치가 보였는지 아버지를 향해 속삭이셨다.

"사탕!"
"뭐?"

택시 주행 소리에 아버지가 단번에 알아들을 리 만무했고 으레 나오는 퉁명스러운 답변이 오갔다. 잠을 못 자 예민해서일까. 나 역시 곱지 않은 말이 튀어나오면서 분위기는 더 어색해졌다.

"왜요? 금방 도착할 텐데. 뭐 놓고 내릴라!"

한동안 침묵이 흐르다가 양화대교쯤이었을까. 왼쪽 어깨를 툭 치는 손이 있었다. 5만 원 지폐가 쥐어진 아버지의 손이었다. 무심히 받아 들고는 한참을 생각했다.

분명 타인의 호의였다면 훨씬 살갑게 표현했을 것이다. 가족이라서? 원래 퉁명스러워서? 쑥스러워서? 애써 매년 제주를 오가는 수고는 기꺼이 실천하면서도 평소 살가운 말 한마디를 선뜻 건네려 노력하지 못하는 이유는 왜일까. 아버지가 내게 건넨 5만 원은 내가 선심 쓰듯 가끔씩 드린 용돈 중 한 장이었으리라. 5만 원⋯⋯. 지갑에서 꺼내던 카드를 다시 밀어 넣고, 나는 그 화해의 지폐를 택시비로 기꺼이 방출했다.

그러고 보니 후배 K는 아직도 사랑에는 노력이 필요하지 않다고 믿을까? 결혼을 하고 한 아이의 아버지가 된 지금도 그렇게 생각할까? 아니, 아들의 재롱에 푹 빠져 있거나 아내와의 몇 주년 여행 계획을 짜고 있을지도 모를 K에게 한 번 묻고 싶다.

사랑이 노력으로 안 된다는 게 말이 되니?

험한 관계의
다리가 되어

우리 자신은
메시지를 전하는
하나의 매체다

　　　　　사람들 사이의 벽을 낮추고
공감대를 형성하고자 하는 노력은 때로 예기치 않은 반응을 불
러일으키기도 한다. 아나운서로 이십여 년을 일하며 수많은 결
혼식의 사회를 부탁받았다. 그런데 가장 최근에 있던 어느 결혼
식 이후 나는 더 이상 사회를 보지 않기로 다짐하게 됐다. 직장
동료였던 신랑 K의 결혼식이었는데, 그는 평소 성격이 다소 투
박하고 무뚝뚝하지만 후배들을 잘 챙겼다. 본 예식을 시작하기
전 하객들의 주의를 환기하기 위한 스몰 토크로 '츤데레ツンデレ'라

는 표현을 그의 수식어로 사용했다. K를 아는 하객들의 공감을 이끌어내기 위한 애드리브였다. 그러나 결혼식이 다 끝나고 신랑이 던진 말은 나를 적잖이 당혹스럽게 했다.

신랑 어머니가 자신의 아들을 '츤데레'라 표현한 것에 대해 기분이 썩 좋지 않아 했다는 얘기였다. 나중에 확인한 사실이지만, 어머니는 츤데레라는 표현의 정확한 뜻을 모르고 그저 어감이 좋지 않아 칭찬이 아니라고 느끼셨다는 것이다. 츤데레는 일본어에서 기인한 신조어로, 겉으론 무심한 듯 행동하지만 은근히 챙겨주는 사람을 칭하는 말을 뜻한다. 신랑을 사이에 두고 처음 접하는 하객들과의 거리를 좁히고 벽을 낮추기 위해 선택한 즉흥적 표현이었지만, 결과적으로는 가장 중요한 청중인 혼주와의 교감에 실패한 실수가 되고 말았다.

토크쇼의 전설 래리 킹Larry King은 자신과 같은 사람들을 '교감인'이라 칭했다. 그러면서 말 잘하는 사람들의 특징으로 진정한 공감을 언급했다. 내가 생각하는 진정한 교감은 나눔이다. 상대의 아픔에 마음 아파하는 것은 누구나 할 수 있다. 그러나 상대의 성공과 행복에 진심으로 함께 기뻐할 수 있는 사람이 과연 몇이나 될까? 진정한 친구의 기준을 여기에 두라고 인생 선배들은 조언한다. 당신이 어렵게 취업에 성공했다는 상황을 가정해보자. 그리고 누구보다 함께 기뻐해 줄 것이라 믿는 친구에게 먼

2장. 좋은 사람이 좋은 말을 한다

저 알리는 것이다. 새 직장에 취직했다는 말에 친구 2명이 각각 다른 반응을 보였다.

친구 C가 말했다.

"그래? 뭐 하는 회산데?"

그리고 또다른 친구 J는 이렇게 말했다.

"정말? 너무 잘됐다. 그간 내색 안 했지만 힘들었지?"

말 한마디에 진정성을 논하는 것이 비약일 수도 있으나, 두 사람 중 누구에게 마음이 가는가?

***

피아제는 아동들의 '자기 중심성'에 주목했다. 여기에서 말하는 자기 중심성은 아동이 이기적이라서 다른 사람을 배려하지 않는 것이 아니라, 단지 다른 사람의 관점을 이해하지 못하는 데서 기인한다. 실은 '아동이 지니는 특성'이라는 말 대신 '모든 인간의 특성'이라고 해도 크게 다르지 않을 것이다. 이해의 폭이라는 건 나무의 나이테처럼 시간에 비례해 자연스레 쌓이는 것이 아니다. 피아제는 통상 8살을 전후해 자기 중심성은 해소된다고 했지만, 이는 표면적으로 타인의 의견을 존중하고 입장을 이해해야 한다는 학습의 결과가 나타나는 것일 뿐 인간의 본성엔 자기 중심성이 그대로 남아있다.

아동의 자기 중심성은 청년이 되며 '상상 속의 청중'으로 옮아 간다. 청소년들은 매사에 누군가가 자신을 바라보고 있다는 생각을 하고, 이에 따라 마치 무대 위의 배우처럼 행동하는 경향을 보인다. 그리고 이러한 특성 역시 성인이 되어서도 여전히 남아있다. 자기 노출을 통한 인상 관리가 바로 그 방증이다. 스스로를 잘 포장해 보여주고자 하는 일련의 과정은 여전히 누군가가 자신을 주시하고 있다는 본능에서 기인한다.

나는 동네 편의점에 잠깐 나갈 때조차 머리를 감지 않으면 집을 나서지 않는다. 나처럼 타인의 시선을 의식해 사소한 것까지 신경 쓰는 사람이 그렇지 않은 사람보다 많을 것이다. 그러나 사람들은 생각보다 타인에게 주목하지 않는다. 하물며 당신이 머리를 감았는지 아닌지 눈치채기는커녕 관심도 없을 것이다. 괜히 본인만 신경을 쓰면서 하루를 피곤하게 보내는 셈이다. 이 것을 '조명 효과'라고 하기도 한다. 연극 무대에서 조명은 늘 주인공을 비춘다. 우리는 우리 인생에선 주인공이지만, 무대 위의 배우는 아니다. 그럼에도 일상에서 마치 누군가가 관객들처럼 우리의 머리끝부터 발끝까지 지켜보고 있다는 착각 속에 하루를 보낸다.

행동경제학자 토마스 길로비치Thomas Gilovich 교수는 재미있는 실험으로 이를 입증했다. 국내에서도 많은 사랑을 받았던 가수 베리 메닐로우Barry Manilow의 모습이 프린트된 티셔츠를 한 학생에게 입게 했다. 그리고는 오가며 만난 학생들이 그 티셔츠에 프린트된 가수를 몇 명이나 알아봤을지 예상해 보도록 했다. 동시에 이 학생을 마주친 다른 학생들에게는 이 옷에 베리 메닐로우가 프린트되어 있다는 것을 알아봤냐고 물었다. 결과는 어땠을까? 옷을 입은 학생이 예측한 수의 딱 절반의 학생만이 실제로 옷에 인쇄된 가수를 알아봤다.

공감과 교감에 대한 고민의 해답은 생각보다 간단하다. 당신의 청중 역시 자기 중심적 사고를 가지고 있다. 스스로가 무대의 배우라고 느끼며 생각보다 많은 타인이 자신을 주시하고 있다고 착각한다. 그렇다면 그 바람을 이뤄주면 어떨까? 청중에 대한 집중과 몰입을 통해서 말이다.

***

기호학자 메를로 퐁티Maurice Merleau Ponty는 인간의 몸과 매체를 동일하게 바라봤다. 더 정확히는 인간의 몸을 확장한 것이 매체라는 뜻이다. 일상에서 빠질 수 없는 스마트폰으로 비유하자면 스마트폰에 대한 중독 증상은 그것을 매일 문지르는 행동으로 인해 발생한다. 3살 조카가 스마트폰을 사용하듯이 TV 화면을 좌에서 우로 그리고 위에서 아래로 문지르는 모습은 적잖은 충격이었다. 생각해보면 가족이나 연인의 손보다도 훨씬 긴 시간 동안 접촉하고 있는 존재가 아닌가. 퐁티의 예언대로 어느 순간 인간과 매체는 하나가 되었다. 그리고 사람 사이의 관계 역시 매체와 매체 간의 상호성과 비교할 수 있다.

매체의 궁극적 존재 이유는 바로 소통이다. 그러나 매체는 표현 방식에 따라 의도와 무관하게 다른 해석과 반응을 유발하기도 한다. 당신의 메시지가 명확하지 않으면 의도와 해석의 간극을 빈번히 느끼게 될 것이다. 당신 자신이 하나의 매체라면 당신의 말은 메시지가 된다.

이는 다른 매체, 즉 타인의 반응에서 자유로울 수 없다. 이는 결코 등락을 가르는 면접이나 회사의 명운이 달린 투자자를 상대로 한 프레젠테이션처럼 절체절명의 순간에만 적용되는 이야기가 아니다. 매일 반복하는 가족과의 식사 자리, 혹은 연인과의 데이트 순간이나 친구들과의 수다, 그리고 일상에서 마주하는 모든 사람과의 대화에도 적용되는 원칙이다.

노아의 방주 이후 하느님에 대항해 쌓아 올린 '바벨탑'은 인간이 뿔뿔이 흩어지는 원인이 되었다. 바벨babel의 뜻은 "그가 온 땅의 언어를 혼잡하게 하다."이다. 사람 사이의 벽은 결국 그들의 언어에서 비롯한다. 마블의 히어로 영화 〈블랙 팬서〉의 마지막 장면에서 국제 원조를 천명하는 와칸다의 티찰라(故 채드윅 보스만 분) 왕이 UN에서 이런 연설을 한다.

"In times of crisis, the wise build bridges while the foolish build barriers(어려운 상황에 처했을 때, 현명한 자는 다리를 만들고 어리석은 자는 벽을 세운다)."

현명한 사람의 말도 마찬가지다. 관계에서 원하는 바를 이루고 싶다면 스스로 쌓아 올린 이미지 장벽을 낮추고 상대에게 몰입하며 교감을 나누는 데 초점을 맞춰라. 그것이 당신에게 사람과 세상으로 통하는 새로운 다리를 놓아줄 것이다.

벽은 눕히면 다리가 된다.

그대의 영혼이
하는 말

가장 적극적인 대화는
입이 아니라
귀를 여는 것이다

말은 한 사람의 영혼이다. 보이스 컨설턴트의 대가로 불린 아서 조세프Arthur Joseph는 "목소리는 정신, 육체, 영혼의 통합체다."라고 말했다. 한 사람의 소리는 그 영혼을 담고, 말은 그 위에 기술을 얹는 행위다. 그래서 우리는 상대방이 내 말을 끊었을 때 당혹감을 넘어 불쾌감마저 느끼게 되는 것이다.

친하다는 이유 하나로 큰 실수를 한 적이 있다. 평론가 K와 다른 지인이 함께 만나는 날이었다. 워낙에 긴 시간 쌓아온 친분

2장. 좋은 사람이 좋은 말을 한다

과 신뢰에 내 농담이 지나치고 말았다.

"질문 금지예요, 우리 형님에겐. 너무 해박해서 일장 역사를 풀
어놓으시니 말이에요."

그의 해박한 지식과 식견에 경의를 표하며 술자리의 분위기
를 풀기 위한 즉흥적인 말이었지만, 입 밖에 내놓고는 움찔하지
않을 수 없었다. K의 미소가 살짝 일그러지는 것을 봤기 때문이
다. 길어야 3분에서 5분 남짓이었을 것이다. 그 정도의 이야기도
느긋하게 듣지 못하면서 어떤 신뢰를 말할 수 있을까? '질문 금
지'라니, 내가 한 실수는 결코 작지 않았다. 상대의 말을 듣고 싶
지 않다는 선언이며, 동시에 상대의 정체성을 넘어 영혼까지 부
정하는 엄청난 실례였으니 말이다.

이후 급하게 내가 한 말의 의미를 최대한 포장해서 설명했
지만, 그 모임이 끝나고도 한참 시일이 지날 때까지 나는 안절부
절못할 수밖에 없었다. 한동안 K의 눈치를 살펴야만 하는 형벌
은 가볍다고 느껴질 정도였다. 다행히 그는 넓은 아량으로 내게
다시 기회를 줬다.

다른 사람의 말을 들을 때 단지 상대가 말을 마칠 때까지 기
다리면 되는 것일까? 물론 아니다. 말을 자르지는 않더라도 상대

의 이야기를 적극적으로 듣고 이해하려는 노력이 결여되었다면 그저 육체만 그 자리에 남아있는 것에 불과하다. 월요일 아침 조회시간에 운동장에 모여 교장선생님의 훈화가 끝나기만을 기다려 교실로 달려가던 때와 별반 다를 게 없는 셈이다. 오직 자신의 차례에 할 말을 생각하며 상대 말의 종결 어미만을 기다리는 것은 진정으로 듣는 행위가 아니다.

대화에서 상대의 주목을 흩트리는 가장 흔한 실수는 바로 여기에 있다. 맥락이나 연관성은 무시하고 그저 상대가 입을 닫자마자 기다렸다는 듯 뿜어내는 말 줄기들. 그런 실수를 줄이기 위해서 우리는 말을 잘하는 데 있어 오히려 '경청'을 중요한 요소로 꼽게 된다.

**

경청은 가장 적극적인 대화의 기본 자세다. 앞서 살펴본 대로 그저 듣기만 하는 행위가 아닌 대화의 상대가 하고자 하는 말의 의미를 파악하려는 노력이다. 목소리의 높고 낮음이나 빠르고 느림, 그리고 톤을 포함한 몸짓이나 표정 등의 반언어적 표현paralanguage expression과 비언어적인 표현nonverbal expression을 통해 감정을 파악해야 한다. 그리고 언어와 비언어적 요소를 종합해 상대가 전하고자 하는 메시지의 동기를 파악하는 단계까지를 포함한 과정을 경청이라 한다.

의도적으로 하던 말을 멈추면 사람들은 주목한다. 3초를 넘기면 방송 사고라 하니 가장 적절한 정적, 포즈pause의 길이는 딱 3초다. 적절하고 다양한 길이의 포즈는 뉴스 스페셜리스트의 필살기다. 입을 닫고 귀를 열면 오히려 상대의 입이 열린다. 침묵은 말하기의 무대가 되어 상대를 그리고 당신을 무대의 중앙으로 초대해 스포트라이트를 비춘다.

당신이 할 일은 적절한 타이밍에 양념처럼 진정 어린 반응과 추임새를 넣는 것이다. 상대의 주목을 받는 순간은 아이러니하게도 당신이 침묵하고 지긋이 상대를 주시할 때다. 가장 먼저 일어나 지갑을 열고 계산을 하는 사람은 돈이 많아서가 아니고 관계를 중시하기 때문이다. 항상 듣기를 먼저 실천하는 사람도 마찬가지다. 하고 싶은 말은 넘치겠지만 참아라. 아니 경청하라. 상대가 포즈를 주어 당신에게 바통을 넘길 때까지.

열어라! 마음을, 그리고 당신의 귀를.

박카스
한 병의
철학

타인의 입장에
서보는 마음이
작은 행동의
변화를 만든다

"세상에 나쁜 짓 하는 사람들이 얼마나 미쳐 날뛰는데, 저처럼
선하게 미치는 건 괜찮지 않아요?"

5천 원 남짓 요금의 거리를 급하게 잡아탄 택시에서 초로의
기사님이 불쑥 내민 피로 회복제의 명분이었다. 파란 딱지가 선
명하게 붙은, 수십 년 마셔온 바로 그 박카스가 내 손에 쥐어졌
다. 개인 택시도 아니고 회사 택시였다. 심지어 10시까지 영업
제한이 있던 코로나 시국이라 매달 사납금을 맞추기도 쉽지 않

2장. 좋은 사람이 좋은 말을 한다

을 법한 시기였다. 그런데 기본 요금 거리든 4명이 타든 상관없이 모든 승객에게 박카스를 한 병씩 주신다는 것이었다.

"모든 손님에게요? 그럼 한 달에 만만치 않은 돈인데요?"

"많이 쓸 때는 30만 원에서 40만 원도 나가죠. 하하. 그런데 우리 회사 택시가 삼백 대거든. 그중에 제가 상위권이에요. 받은 만큼 돌려주시는 건지, 베풀어서 돌아오는 건지 모르지만 여하튼 그래요. 하하……."

박카스를 기쁘게 받아 마셨다고 다음에도 그 기사님의 택시를 골라 탈 수 있는 것도 아니다. 밥집 사장님의 호의였다면 단골로 삼았을 텐데, 그렇게 할 수도 없지 않은가? 그러니 순수하게 자신의 이익 40만 원을 처음 만나는 손님들을 위해 매달 쓰는 셈이다. 과연 어떤 사연이 있으신 걸까? 그런 생각으로 어느새 목적지에 도착했을 때였다.

"요즘은 세차보다 앞자리에 박카스를 박스로 챙기는 게 더 중요한 일과예요. 삼십 년 회사 생활하며 가장 견디기 힘들었던 게 일상에 찌들어서 짜증 묻은 동료들의 얼굴을 매일 마주하는 거였거든. 왜 그때는 커피 한잔 먼저 건넬 생각을 못 했을까? 하긴 나도 그냥 만사 힘들었으니 그랬겠지……."

결국 나는 그냥 내릴 수 없어 1만 원 지폐 한 장을 드리고 거스르지 않았다. 한 병에 5천 원짜리 박카스를 손에 쥔 채 말이다.

택시에서 내려 약속 장소로 향하며 박카스를 반쯤 비웠을 때, 또 한 명의 노인이 떠올랐다. 바로 내 아버지다. 아버지는 지하층 리모델링 공사를 한 달여 진행하는 동안 아침마다 박카스를 손에 들고 날랐다. 그것은 마치 일하는 분들의 하루를 반기는 의식 같기도 했다.

"그렇게 매일 안 드려도 돼요. 알아서 물이든 커피든 사서 드실 텐데. 하루 인건비가 얼마나 비싼지 알아요?"
"그래도 그게 아냐. 아침에 시원하게 한 병 마시면 잠도 깨고 기분 좋게 시작할 거 아냐."

우리 집 공사니 잘 부탁한다는 완곡한 압박일 수 있고, 순수한 그들과의 소통일 수도 있으며, '여기 내 집이오' 하는 귀여운 과시라고 볼 수도 있었다. 그런데 아들의 눈에는 그렇게 비치지 않았다. 아버지 역시 은퇴하기 이전까지 전국의 공사 현장을 일

2장. 좋은 사람이 좋은 말을 한다

터 삼던 노동자였기 때문이다. 동병상련이며 역지사지였을 것이다. 아버지가 아침마다 나르던 박카스의 의미는.

***

정치권에서는 4년에 한 번 치르는 국회의원 선거를 위해 인재 영입에 총력을 쏟는다. 어느 해인가 여당에서 영입 1호로 장애를 가진 한 대학교수를 선택했다. 그런데 당 대표가 인재 영입의 배경을 밝히는 과정에서 치명적 말실수를 하게 된다.

"선천적인 장애인은 의지가 좀 약하대요. 어려서부터 장애를 갖고 나오니까."

해당 교수는 불의의 사고로 후천적 장애를 가지게 되었는데, 의지가 강하다는 취지의 이야기를 하려는 스피치 과정에서 선천적 장애인을 비하하는 발언을 한 것이다. 아무리 심리학자의 발언을 인용했다 해도 여당 수장으로서 장애인을 비하했다는 비난을 피하지 못하고 수차례 사과해야 했다.

몇 년 전에는 한 아나운서가 퀴즈 프로그램에 출연해 한자와 관련한 문제를 풀게 되었다. 그는 '이유식'에서 '유'의 한자를 묻는 질문에 오답을 골라 탈락했다. 선택 이유를 진행자가 묻자, 이유식이 아이들이 먹기에 부드러운 음식이란 얘기를 들은 것 같아서 부드러울 유柔를 선택했다고 했다. 여기까지는 전혀 문제가 없었다. 그런데 그 이후 그는 하지 말았어야 하는 말을 하고야 만다.

"역시 저는 한자 장애인이었어요."

이처럼 우리가 장애인에 대해 가지고 있는 부정적이고 차별적인 사고가 무심결에 말로 튀어나오는 사례를 심심치 않게 보게 된다. 이는 자신이 처한 상황과 입장에서만 생각하는 '이미지 장벽'의 한 부분이라고 볼 수도 있지만, 그에 앞서 '공감' 능력이 부족하다는 지적에서 자유로울 수 없다. 장애를 겪어 보지 않은 입장에서 장애인을 바라보는 관점이 그들의 아픔이나 어려움보다는 그들의 장애 자체에 치우쳐 있기 때문이리라. 그래서 당사자의 입장에 서서 그들을 온전히 이해하지 못하는 것이다.

맹자가 말하는 역지사지易地思之는 상대편의 처지나 입장에서 먼저 생각해보고 이해하라는 뜻이다. 이는 '역지즉개연易地則皆然'에서 유래한 말로 "처지나 경우를 바꾼다 해도 하는 것이 서로 같다"라는 말이다.

중국의 전설적인 성인인 하우와 후직은 태평한 세상에서도 일을 하는 동안에는 자신의 집 문 앞을 몇 번 지나더라도 결코 들어가 쉬는 법이 없었다고 한다. 또한 공자의 제자 안회는 어지러운 세상에 누추한 골목에서 물 한 바가지와 밥 한 그릇으로만 살았다고 전해진다. 이를 두고 맹자는 이렇게 말했다.

> "하우와 후직과 안회는 같은 뜻을 가졌다. 하우는 물에 빠진 백성이 있으면 자신이 치수治水를 잘못하여 그들을 빠지게 하였다고 여겼으며, 후직은 굶주리는 사람이 있으면 스스로 일을 잘못하여 백성을 굶주리게 하였다고 생각하였다."

하우와 후직과 안회는 서로 처지를 바꾸어도 모두 그렇게 하였을 것이다. 나라의 녹을 먹는 공직자의 시선이 이처럼 국민을 바라본다면 어떤 일을 하든 결국 국민을 위하는 선택을 하지 않을까. 장애를 가졌거나 장애가 있는 가족을 두지 않았더라도 장애에 대한 공감과 장애인에 대한 진지한 사색의 시간을 가져본다면, 앞서 언급한 거대 정당의 대표나 TV 아나운서의 말실수를 반복하지는 않을 것이다.

*　*　*

박카스 한 병을 나눠주시는 택시기사님 덕에 서스펜디드 커피suspended coffee 문화가 떠올랐다. 이탈리아어로 '카페 소스페소 caffe sospeso'는 말 그대로 '미리 지불한 커피'다. 커피를 사랑하는 이탈리아 국민들은 자신의 커피를 사면서도 돈이 없어 커피 한 잔이 그리울 이웃을 생각한다. 커피를 마시지 못한 하루의 시작이 얼마나 괴로운지 잘 알기에, 형편이 어려워 커피를 거를 이웃을 진심으로 안타까워하는 마음이 드는 것이다. 그래서 미리 커피 한 잔 값을 추가로 지불하고 간다. 누군지 모를 그 손님을 위해서……. 별 의도는 없었으나 결과는 비슷하지 않을까. 내가 박카스 한 병에 5천 원을 내고 마셨으니, 이후의 한 박스가 또 다른 고객들의 피로를 달래줄 거라 생각해 본다. 모르긴 몰라도 몇만 원을 선뜻 지불한 승객도 분명 있으리라.

박카스 한 병의 철학자는 지금도 서울 곳곳을 누비고 다니시겠지. 그리고 또 다른 누군가가 나처럼 한 박스를 기부하고 또 다른 열 명의 피로를 씻어줄 테지. 그러다 보면 세상은 아주 조금 더 선해지지 않을까? 이 시각에도 어디에선가 승객에게 피로회복제를 선물할 초로初老의 택시 기사처럼 이렇게 말하는 철학자도 늘어날 테고…….

"선하게 미치는 것은 괜찮지 않아요?"

2장. 좋은 사람이 좋은 말을 한다

진정한 가치를
발견하는 법

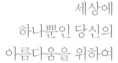

세상에
하나뿐인 당신의
아름다움을 위하여

　　　　　　　　　여든을 훌쩍 넘긴 아버지를
모시고 사는 나는 자정이 넘긴 시간에 편의점을 찾곤 한다. 내
목을 축여줄 만 원의 행복 네 캔을 사기 위함이기도 하지만, 아
버지가 드실 달달한 간식이 떨어지지 않게 채워두는 것 또한 챙
겨야 할 일과이기 때문이다. 계절을 가리지 않는 단골 간식은 아
이스크림, 그중에서도 아버지가 가장 좋아하는 아이스크림 계의
스테디셀러 '옥동자'를 빼놓지 않는다.
　　우리나라의 대표적인 공개 코미디 프로그램으로 공영방송

사 KBS의 〈개그콘서트〉에 이의를 제기할 사람은 없을 것이다. 그중 '봉숭아 학당' 코너는 수많은 개그 스타의 산실產室이었다. '맹구'의 뒤를 이은 최고의 인기 캐릭터였던 '옥동자'를 기억하는 가? 옥동자玉童子는 원래 '옥처럼 아름답고 귀한 아이'라는 뜻으로 예로부터 잘생긴 아이를 칭찬해 부르던 말이다. 그러나 〈개그콘서트〉 봉숭아 학당의 옥동자가 인기를 끌기 시작한 이후 옥동자는 '매우 촌스럽고 못생긴 외모를 가진 사람'의 대명사로 쓰이기 시작했다.

전국적으로 단어의 의미마저 바꾼 이 사나이는 개그맨 정종철이다. 오죽하면 그랬겠나 싶은 일화도 있다. 한 임신부가 아기를 낳은 후 "옥동자를 출산하셨습니다."라는 의사 말에 충격으로 눈물을 흘렸다는 이야기다. 정종철은 꽤 오랜 시간 이름으로 불리지 못하고 옥동자로 살아야 했다. 못생긴 남자의 대명사가 되긴 했지만, 그는 아름다운 신부와 결혼식을 올렸고 슬하膝下에 자녀도 셋이나 두었다. 연기자로 활동하던 그의 부인은 한 인터뷰에서 이렇게 말했다.

"남들은 내 남편을 보고 웃지만, 저는 남편을 보면 설레요."

***

만약 프랑스 파리에 에펠 탑Eiffel Tower이 없었다면 지금처럼 전 세계인이 사랑하는 관광지로 자리할 수 있었을까? 파리의 랜드마크인 에펠 탑은 예상외로 처음 만들어질 때부터 엄청난 반대에 부딪혔다고 한다. 고딕 양식 건물 일색의 멋스러운 파리에 앙상한 철골의 뾰족한 탑이라니, 건설이 시작되기도 전에 비호감이라는 낙인이 찍혔다. 급기야 철거를 주장하는 서명 운동에 유명인과 예술가들이 앞장섰고, 《여자의 일생》 저자 기 드 모파상Guy de Maupassant은 에펠 탑 1층의 한 식당을 두고 이렇게 말했다.

"이 괴물 같은 에펠 탑을 파리에서 유일하게 안 볼 수 있는 곳은 여기뿐이다."

극심한 찬반 논란 속에 철거를 앞둔 시점, 작은 반전의 기회가 찾아온다. 에펠 탑을 무선 전신 전화의 안테나로 임시로 사용하게 된 것이다. 애물단지로 여겨지던 에펠 탑은 하나의 역할이 주어진 후 파리의 시민들과 관광객들의 눈에 들기 시작했다. 시간이 흐르며 에펠 탑은 명물로 자리 잡았고, 마침내 1991년 세계문화유산으로 등재되었다. 현재는 두말할 것 없이 프랑스 파리를 대표하는 자랑거리가 되었다.

　이 역사적 일화를 계기로 잦은 노출로 인해 비호감에서 호
감으로 바뀌게 되는 것을 '에펠 탑 효과eiffel tower effect'라고 한다.
처음에는 관심 없고 싫어하던 것도 계속 보다 보면 어느새 호감
도가 올라간다 하여 '단순 노출 효과mere exposure effect'라고도 한
다. 그러나 에펠 탑의 극적인 이미지 반전은 그저 그 자리에 오
래 있어 사람들이 많이 봤기 때문이 아니다. 새로운 쓰임이 추가
되고, 매일 밤 조명을 밝혀 파리 시민에게 아름다운 야경을 선사
하며 도시의 이정표 같은 역할을 성실히 수행했기에 가능했다.
또한, 익숙하지 않은 다름에 대한 이해와 기다림이 흉물스러운
철재 구조물을 모든 사람이 애정을 담아 바라보는 이정표로 만
든 건 아닐까. 구스타브 에펠Alexandre Gustave Eiffel의 예견처럼 말
이다.

　"저의 관점에 따르면 에펠 탑은 그 자신만의 미를 가지게 될 것
　입니다. 어떤 사람이 기술자이기 때문에 또는 미적 직업을 가
　진 적이 없기 때문에 견고성과 지속성만큼 고상함을 창조할 줄
　모르기 때문이라고 우리는 믿는 것이 아닐까요?"

　에펠 탑 이야기는 이미지와 관련해 중요한 부분을 알려준

다. 그 대상이 사람이든 사물이든 지각된 대상이 지속적으로 노출될수록 이미지는 조금씩 변한다. 또한, 호감은 대상에 대한 긍정적인 신념을 가지는 것으로, 이 신념이 강화될수록 더 많은 매력을 느낀다. 중세 고딕 양식의 아름다움이 수백 년간 자리했던 프랑스 파리의 중심에 고철 덩어리가 세워질 당시의 이미지와 이십여 년을 같은 자리에서 하루도 빠짐없이 파리의 밤을 아름답게 밝히는 역할이 주어진 에펠 탑의 이미지는 비교할 수 없는 차이를 지닌다. 에펠 탑은 이미지의 변화를 통해 철거될 운명에서 전 세계인들이 사랑하는 존재로 다시 태어났다.

아름다움을 추구하고 표현해 내는 예술가들은 그저 높기만 한 고철 덩어리의 이질감을 참을 수 없었을 것이다. 더구나 자신들이 사랑하고 자랑스러워하는 도시의 한복판에 떡 하니 자리 잡았으니 말이다. 그러나 새로운 것의 진정한 쓰임과 가치는 그것을 대하는 이들의 기다림과 애정에 비례해 성장한다. 무심한 듯 기다려 주는 작은 배려가 모여 거대한 탑을 넘어서는 가치와 믿음을 쌓아 올렸다.

부모님이 물려주신 외모가 맘에 들지 않는가? 흠모하는 이성에 비해 스스로가 초라하게 느껴지는가? 누가 봐도 예쁘고 멋진 SNS 속 인플루언서influencer가 마냥 부러운가? 아니면 곁에 있는 친구와 연인이 혹은 당신의 부모가 보잘것없이 느껴져 자신마저 초라해진다고 생각하는가? 그럼 이제 우리의 가치와 쓰임에 대해 고민하자. 당신 주변 사람들의 새로운 쓰임을 발견하고 충분히 가치를 증명하도록 여유를 가지고 기다려 주자. 세상 모든 존재는 스스로의 쓰임과 가치가 있다. 우리 모두는 이미 수억 분의 일의 확률로 세상에 존재함을 잊지 말자. 당신도 충분히 당신의 세상 속에서 랜드마크가 될 수 있고, 옥동자와 같이 멋진 사랑과 가정도 가꿔갈 수 있다. 삶과 이미지의 절대적 속성 중 공통된 가치는 바로 가변성可變性이다. 삶도 이미지도 늘 살아있고 변한다. 우리가 믿음을 가지고 준비하며 기다린다면 희망은 늘 있다.

그때는 맞고,
지금은 틀리다

변해 가는
관계 속에서
초심을
지켜내는 일

후배 K의 아직 어린 딸은 세상 효녀이며, 스스로 유학을 준비할 만큼 영민한 소위 말하는 영재다. 하루는 K가 조기 유학을 떠나려는 딸이 기특하면서도 내심 서운하다며 내게 아쉬움을 토로했다.

"서운해요. 가면 다시 돌아오지 않을 것 같은데. 엄마를 떠나면서 새로운 세상에 대한 꿈과 기대감을 표현할 때마다, 어떻게 즐거운지 서운한 마음을 감출 수가 없어요."

배려의 마음

아이의 미래를 위해 미련 없이 보내줘야 한다고, 결혼도 해본 적 없고 더구나 아이도 키워본 적 없는 나는 어설픈 훈계를 하고 말았다. 부모 곁을 일찌감치 벗어나지 못한 나는 오히려 후회한다는 말까지 덧붙였지만, 거짓말이었다. 두 시간 가까이 걸리는 거리의 회사를 출퇴근하며 얼마든지 부모 곁을 떠날 기회가 있었지만 그러지 않았다. '캥거루족'이나 '니트족' 아니냐는 곱지 않은 시선을 느끼면서도 개의치 않았다. 경제적 측면은 아니라 할지라도 정신적 측면에서 부모님에게 의지하는 부분이 분명히 있다. 당연히 부모는 말해 무엇 하랴. 가족이라는 울타리는 그 유형으로 단순히 구분 짓거나 섣불리 단정할 수 없는 그들만의 사연이 있다.

***

중국 전국시대 한나라 한비의 《한비자》 중 설득의 방법을 다루는 세난說難 편에 '미자하 이야기'가 등장한다. 미자하는 요즘 아이돌처럼 미소년이었던 모양이다. 입소문을 타고 위衛나라 임금인 위령공의 눈에 띄어 대궐 시종으로 들어간 것을 보면 말이다. 임금은 그를 한시도 곁에서 떼어 놓지 않을 만큼 귀여워했다. 어느 날 미자하는 궐 밖 어머니가 위독하다는 소식을 듣고

2장. 좋은 사람이 좋은 말을 한다

급한 나머지 임금의 수레를 몰래 타고 다녀온다. 머지않아 그 일은 임금에게도 알려졌다. 아무리 임금의 사랑을 한몸에 받던 미자하지만, 영락없이 다리를 잘리는 것(월형, 죄인의 발꿈치를 베는 형벌)이 아닐까 두려웠다.

"여러 신하들은 들어라. 미자하야말로 하늘이 내린 효자다. 누가 제 다리가 잘려나갈 것도 잊은 채 어머니를 위하겠느냐?"

임금의 예상 밖 칭찬에 미자하는 어깨가 으쓱해졌다. 심지어 한 입 베어 먹은 복숭아를 혼자 먹기 아깝다고 임금에게 권할만큼 철이 없었지만, 왕은 이마저도 "너희들도 미자하를 본받아라. 이렇게 끔찍이 나를 생각하는 사람이 또 누가 있겠느냐."라며 칭찬했다. 하지만 시간은 무심히 흘러 미자하에게 사춘기가 찾아오며 그는 목울대가 튀어나오고 목소리도 탁해졌다. 백옥같던 얼굴도 거무스레한 수염으로 뒤덮였다. 미소년의 모습이 사라지자 더 이상 임금은 그를 귀여워하지 않았다. 그 무렵, 미자하는 또 다른 잘못을 저지르고 임금 앞에 무릎 꿇었다.

"저놈의 버릇은 아주 나쁘구나, 고칠 가망이 없다. 전에도 임금의 명령이라 속이고 내 수레를 함부로 탔었다. 또 불경스럽게도 베어 먹다 만 복숭아를 내게 먹였다. 저놈을 크게 혼내주고 내쫓아 버려라."

미자하의 행동은 처음과 변함이 없었다. 그러나 이전엔 문제가 되지 않던 것들이 시간이 지나 죄가 된 것은 임금의 사랑이 미움으로 변했기 때문일까?

　시간이 흘러 관계가 변하는 과정은 애정의 유형이나 동서고금을 가리지 않는다. 영화 〈봄날은 간다〉 속 사운드 엔지니어 상우(유지태 분)와 라디오 PD 은수(이영애 분)는 일로 만나 연인으로 발전하게 되고, 상우는 주체할 수없이 그녀에게 빠져든다. 일을 통해 우연히 만나게 된 은수와 상우가 처음에는 별로 친하지 않았지만, 자신에 대한 정보를 주고받으며 관계의 거리를 좁힌다. 만약 이혼이라는 정보 노출을 상우가 불편해하거나 부정적으로 해석했다면 그 관계는 더 발전하지 못했을 것이다. 그러나 연애 초기 서로에 대한 강한 끌림에서는 이것이 큰 문제가 되지 않았다. 은수 역시 실패한 결혼에 대한 아픔에도 새로운 사랑을 시작함이 적어도 관계의 초기에서는 큰 장애가 되지 않았다. 그러나 관계가 변함에 따라 자기 노출 언어에 대한 해석은 변화한다. 두 사람의 사랑이 깊어지고 관계가 성숙한 시점에서 남자 주인공은 결혼을 말한다. 그러나 여자 주인공은 이를 받아들이지 않고 이별을 선택한다. 처음에 문제가 되지 않았던 이혼과 결혼이라는 자기 노출이 왜 헤어짐의 이유가 되었을까?

＊＊＊

모든 관계는 결국 시간과 경험 그리고 그 과정에서의 자기 노출 정보에 따라 변하게 된다. 한 번 입을 떠난 정보에 대해 받아들이는 사람은 메시지 자체나 서로의 관계뿐 아니라 말하는 이의 특성이나 의도, 그리고 관련 의미 등 여러 가지를 고려해 반응하게 된다. 영화에서는 남성이 관계가 심화되기를 원해서 결혼을 하고 싶다는 긍정적인 자기 노출을 했음에도, 이혼의 아픔을 겪은 여성에게 부정적 메시지로 작용한 셈이다. 자기 노출의 메시지는 관계의 본질을 변화시키며, 관계의 본질은 자기 노출의 의미와 결과를 변화시킨다.

이는 앞서 살펴본 위령공과 미자하 그리고 영화 속 남녀 주인공과 같이 타인들에게만 해당하는 이야기가 아니다. "듣기 좋은 말도 한두 번"이라는데, 부끄럽지만 난 힘들 때마다 투정처럼 부모님에게 못 할 말을 하곤 했다.

"아휴 정말 내가 나가 살든지 해야지. 왜 그렇게 시간이 지나도 달라지는 게 없어요."

분명 서운했을 것이다. 자식을 대하는 부모의 태도와 마음은 변하지 않는 것이 당연하다. 아이를 먼 나라로 보내 두고 보고 싶을 때 볼 수 없음이 서운한 K도 같은 마음일 것이다. 그러나 부모 자식 간 관계 역시 시간과 상황 그리고 서로가 노출하는 정보에 따른 변화를 피할 수는 없다. 타인과의 관계와 다른 유일한 점은 가족이라는 울타리는 지켜내야만 하고 그래서 마지막까지 노력을 멈출 수 없다는 것이다. 정확히 말하면 사랑하는 마음의 근간은 변하지 않는다.

세상 둘도 없는 친구였던 사람들이 심지어 피를 나눈 형제자매가 어느 순간 서로를 원수같이 대하는 살벌한 관계로 변하는 모습을 우리 주변에서 심심치 않게 볼 수 있다. 연인과 부부 사이는 또 어떤가? 애정이 무르익는 초기에는 무엇을 해도 예뻐 보이고 실수를 반복해도 용인된다. 그러나 서로를 한없이 원하게 하는 호르몬의 마법은 유통기한이 다하고, 서로에게 익숙해져 용광로처럼 끓어오르던 감정이 미지근해지면 작은 말다툼에도 관계는 쉽게 틀어진다. 이 순간이 되면 그간 주고받았던 행동과 언어들이 서로를 향해 휘두르는 무기가 된다. 그러나 우리에겐 논어에 등장하는 사리에 어둡고 어리석은 '암군暗君'인 위령공이 되지 않을 현명함이 있다. 배려와 이해의 마음이 있다.

"사랑이 어떻게 변하니?"라고 안타까워할 모든 이들에게 말해 주고 싶다. 처음 당신들이 느낀 그 사랑은 변하지 않고 거기 있을 거라고, 단지 시간의 흐름 속에 당신들이 주고받은 정보들이 지금의 관계로 변하게 만들었을 뿐이라고, 그럼에도 삶과 사랑은 계속된다고. 그래서 우리에겐 항상 따뜻한 마음이 담긴 배려의 말이 필요하다고.

3장

말은 언제나
사람을 향한다

공감의
언어

타인의
시선으로

타인을
이해할 때
우리의 자아는
더 성숙해진다

치매를 앓는 노인들이 일을
한다. 사장은 음식을 만들고, 치매 환자인 직원들은 손님을 맞아
주문을 받은 뒤 주방에서 나온 음식을 손님 테이블로 서빙한다.
간병사로 일했던 사장이 치매 환자들과 대중의 거리를 좁히기
위해 오픈한 식당이다.

손님들은 치매 환자인 직원들의 실수를 받아들일 마음의 준
비를 하고 이 가게를 찾는다. 우동을 시켰는데 만두가 나오기도
하고, 김치찌개 대신 된장국이 나올 게 분명했지만 단골들은 개

의치 않는다. 직원의 실수에도 따뜻하게 웃으며 그들과의 사이를 좁혀 갔고, 이 이해의 씨앗은 무럭무럭 자라나 놀라운 결실을 맺어냈다.

어느새 치매 환자들의 얼굴에도 미소가 번졌고, 사회에서 역할을 찾지 못해 정체성을 잃고 있던 그들이 노동으로 받은 임금으로 염색도 하고 화장도 하며 다시 사회의 구성원이 된 것이다. 지식으로 암기하고 머리로 이해하기보다 따뜻한 마음으로 감싸 안은 배려의 마음이 가장 강력한 설득으로 작용하는 순간이었다.

공감은 단지 상대의 이야기나 태도에 동의하는 단순한 행위가 아니다. 우리는 자신의 세계관을 바탕으로 상대에게 어떻게 반응할 것인지 고려하고, 태도를 결정해야 한다. 그러나 이것만으로는 타인과의 공감하기에 역부족이라는 사실을 매 순간 절실히 느낀다. 공감은 인간관계를 이루는 근본적인 개념 중 하나다. 타인의 감정을 이해하기 위해선 대상을 넘어 그들의 주변 세상과 경험에 대한 정보와 진지한 고민이 필요하다.

앞서 경청에 대해서도 다뤘지만, 스피치 능력의 절반은 듣기 능력이나 마찬가지다. 그만큼 상대방의 말에 귀를 기울이는 것이 바른 스피치의 시작이다. 자신의 철학과 생각만을 기준으로 삼아 무작정 상대의 입장을 판단해 말하고 행동하는 것은 답이 아니다. 맞아본 자의 두려움은 맞지 않고선 알 수 없고, 이 시대의 청춘을 살아보지 않은 중장년층은 그들의 고민을 짐작만할 뿐 몸으로 느낄 수 없다. 당신의 말이 닿을 상대가 어떤 상황이며, 어떤 생각과 의견을 가지고 있는지 먼저 이해하지 못한다면 무슨 말을 하든 공허한 메아리에 불과하다.

스피치가 가장 큰 효과를 발휘하는 순간은 화자가 역할을 바꿔 청자의 입장이 될 때, 다시 말해 자신이 가지고 있던 이미지 장벽을 먼저 낮추고 상대의 말에 귀 기울일 때다. 상대에게 최대한 몰입하고 집중하면 비로소 상대도 당신에 대해, 그리고 당신의 말에 대해 반응하기 시작한다. 서로 다른 이야기로 평행선을 달리거나 듣고 오해하기를 반복하지 않게 되었을 때 소통이 완성되고 당신의 말이 진정 빛을 발한다.

***

미국의 심리학자 하워드 가드너Howard Gardner는 인간의 지적 능력은 8가지의 독립적 세부 능력으로 나눠진다는 '다중 지능 이론'을 제시했다. 그는 지적 능력을 언어, 논리·수학, 시각·공간, 음악, 신체·운동, 자연, 대인, 자기이해 지능으로 구분했다. 이는 인간의 능력에 대한 이해를 근본적으로 바꿔놓으며 교육학에도 크게 기여했다.

이 중 내가 주목하는 부분은 언어 지능을 포함하여 앞선 각 지능의 이면에서 작용하는 근본적 힘이다. 눈치 빠른 독자는 알아챘겠지만 다중 지능 개념의 핵심은 대인 지능과 자기이해 지능의 연관성에 있다. 이는 우리나라를 비롯해 전 세계 사람들의 보이지 않는 굴레로 작용해온 지능 개념인 IQ에는 없는 척도다. 하워드는 다중 지능 이론을 발표한 지 25주년 되던 해에 스스로 대인 지능과 자기이해 지능은 사실상 하나의 지능임을 인정했다. 나는 이를 '관계 지능'이라 한다.

극도로 치열한 경쟁 사회에서 정상에 공존하기란 쉽지 않다. 마치 깎아지른 절벽에서 대어를 낚기 위한 낚시 포인트와 같다. 둘이 같이 설 수 있는 여력은 없다. 물고기를 잡지 못하면 나와 가족이 굶을 것이기에 그 포인트에서 내려오거나 타인에게 내어 줄 수도 없는 노릇이다. 오직 나와 내 것만 생각하는 현대인에게 높은 관계 지능을 기대하기란 묘연하다. 그러나 우리에겐 치매 환자들이 직원으로 일하는 식당처럼 관계 지능을 키울 수 있는 충분한 가능성이 있다.

신경 과학과 뇌 과학 분야의 연구에서도 그 단서를 찾아볼 수 있다. 아이들이 타인의 마음을 헤아릴 수 있게 되는 '마음 이론'에 다다를 때 이미 아이들은 '타인'의 개념을 터득하는 동시에

'자신'에 대한 개념도 습득한다. 인간은 자기 자신에 대해 생각을 할 때와 자신을 바라보는 타인의 시선을 인지했을 때 뇌의 같은 부위인 '전두엽'이 활성화되는데, 이를 두고 김주환 교수는 《회복 탄력성》에서 이렇게 말했다.

> "타인의 입장을 이해하는 순간 자아 의식이 생기며, 자아 개념의 근본은 타인의 시선을 느낌으로서 혹은 타인의 관점에서 나를 바라봄으로써 생겨난다."

치매 환자가 주문을 받고 가져다주는 식당을 찾은 손님들은 김치찌개가 먹고 싶었다 한들 잘못 나온 된장찌개에도 충분히 즐거운 식사를 할 수 있다. 이미 어떤 음식을 먹을지가 중요하지 않기 때문이리라. 받은 만큼만 돌려주고, 베푼 것 이상을 바라는 세상에서 타인의 이익을 먼저 생각하는 소통의 자세만으로도 당신의 자아는 한층 성숙한다.

공감의 미장센, 자기 노출, 독창성, 동의, 연상, 공감, 변화, 행동 등 이 책에 나오는 모든 것들은 연결되어 있다. 연상의 힘은 독창성으로 이어지고 새로운 것은 타인의 관심을 불러온다. 그리고 설득 대상의 깨달음과 변화는 행동이 되며, 행동은 또 다른 대상으로 옮아간다.

그리고 이 모든 것의 출발점은 바로 당신이다. 자신을 이해하는 능력은 곧 타인과의 관계를 원활하게 하는 지름길이 된다. 그 단서와 고리를 찾고 서로를 이해하는 것이 소통이며, 그 소통의 말이 진정한 힘을 발휘할 때 서로의 이익은 완성된다. 그것이 우리가 말하는 공익公益의 현대적 의미일지도 모른다.

자연인과
뇌 과학자

우리 뇌는
스스로
행복을
결정한다

　　　　　　　　　우리나라의 2020년 평균 행
복지수는 OECD 국가 중 꼴찌에서 세 번째였다. 그렇다면 우리
나라 사람들의 나이대별 행복지수는 어떨까? 취업난으로 우울한
이십 대와 육체적으로 쇠락하고 사회적으로 외로운 칠십 대가
가장 낮았고, 삼십 대부터 육십 대까지는 상승 곡선을 보였으며
육십 대의 행복지수가 가장 높았다. 백세시대, 정년 퇴직이 다소
늦춰지긴 했어도 육십 대는 경제의 주축은 아니다. 신체활동이
가장 활발한 이십 대보다 육십 대의 행복지수가 높다는 것은 사

람들이 신체적 노화를 이유로 행복하려는 의지까지 꺾지 않는다는 의미다. 나이가 들수록 젊을 적에 비해 의도적으로 행복감을 주는 장소를 찾고, 과거의 좋았던 기억에 집중하며, 긍정적이고 호의적인 외부 정보에 반응한다.

심리학자 로라 카스텐센Laura Carstensen에 따르면 젊은 층이 부정적인 사진을 더 잘 기억하는 것과 달리 노인들은 긍정적인 사진을 더 잘 기억한다고 한다. 스스로 선택적 주의와 이를 조절하는 행위를 통해 행복을 증가시킨다는 것이다. 이는 노인의 보편적 성향이라는 것이 국내 논문을 통해서도 입증되었다. 젊은이와 노인에게 부정 정서를 유도하는 동영상을 시청하게 해 일정 시간 간격으로 기분 상태를 평가해 봤더니, 노인은 젊은이에 비해 긍정적 정서로 더 빠르게 변화했다는 것이다.

***

종합편성 채널 MBN의 장수 프로그램인 〈나는 자연인이다〉는 흔한 말로 한 번도 안 본 사람은 있어도 한 번만 본 사람은 없을 것이다. 실제로 2019년 한국갤럽이 발표한 '한국인이 좋아하는 TV 프로그램' 조사에서 당당히 1위에 오르기도 했다. 프로그램에 나오는 자연인들은 깊은 산속에 집을 짓고 나물과 버섯을

채취하며 버들치를 잡아 된장찌개도 끓인다. 매회 개성 있는 인물들이 등장하지만, 한편으론 새로울 것 없는 산속 혹은 외딴섬 생활이 이어진다. 그리고 또 하나, 프로그램에 등장하는 자연인과 주 시청자의 나이가 사십 대 이상이라는 것이다. 단순히 자연으로 회귀하고 싶어 하는 현대인들의 로망을 반영한 결과일까? 주인공들이 공통적으로 하는 말이 있다.

> "사회에 있을 때는 내 맘대로 되는 일이 하나도 없었고, 내 것이라 할 수 있는 것도 없었어요. 그런데 산에 들어와서 하는 모든 일들, 주변 자연의 모든 것이 내 것이에요. 이곳에서는 온전히 나의 의지대로 살 수 있어요."

사실 그들이 자연에서의 삶을 선택한 이유 자체는 시청자들에게 큰 의미가 없다. 자연에서의 삶 또는 자연 그 자체가 시청의 목적이다. 스스로 행복을 느끼기 위해 선택한 공감의 미장센이다. 그들의 마지막 말은 한결같다.

> "이제 와 이곳에서 더 필요한 게 뭐가 있겠어요. 다만 지금처럼 건강하게 자연과 더불어 변함없이 살고 싶어요."

노년기의 남은 시간이 제한적이라는 것을 인지하면 그에 따라 우선하는 목표가 정서 조절로 이동하게 된다. 그러나 생각을 확장해보면 '시간'이란 모든 인간에게 유한하다. 젊을 때든 늙어서든 시간은 동일하게 흐르며, 오는 순서는 있어도 가는 순서는 따로 없는 게 인간의 삶이다.

젊은이들 사이의 신조어인 '정신 승리'는 다소 부정적인 의미로 쓰이는데, 결코 좋은 상황이 아닌데 긍정적으로 해석하는 사람들을 향한 일종의 비아냥댐이나 스스로에 대한 자조로 언급된다. 이는 젊은이들이 부정적 사건을 더 잘 기억하고, 부정적 정서에서 쉽게 빠져나오지 못하는 것과 맥이 같다. 부정적 상황은 부정적 기억으로 남고, 그에 따라 좌절하거나 비관하는 것이 그들에겐 자연스러운 과정이다. 안타깝지만 젊은 층의 자살률이 높은 이유 중 하나이기도 하다. 노화의 역설이 아닌 젊음의 역설이다. 기회는 분명 더 많을 터인데 말이다.

물론 청춘들이 안고 있는 현실적인 문제들에서 비롯한 슬픈 표현일 수도 있다. 그러나 이러한 기조는 본인은 말할 것 없고 주변인들에게도 전혀 도움이 되지 않는다.

젊은 세대를 힐난하는 것이 아니다. 모든 인간에게 공평하게 백 년의 시간이 주어진다고 하면, 그 삶에는 불행과 행복이 공존하기 마련이다. 불행을 꺼내 든 순간을 행복으로 바꿔서 스스로 더 많은 시간을 행복하게 살 수 있는 능력은 모두에게 주어져 있다. 그것이 설령 '정신 승리'일지라도 말이다.

＊＊＊

어떤 배우는 한 인터뷰에서 "나이가 들어 가장 아쉬운 점은 기회가 줄어들었다는 것"이라고 했다. 과거에 비해 젊은 세대에게 기회의 창구가 많이 좁아진 것이 사실이지만, 그래도 여전히 새로운 기회의 장은 열려 있다. 오히려 과거 성공한 사례들을 보면서 스스로 가능성을 더 체념하기도 하는 것 같다.

상대적 박탈감은 결국 비교에서 시작한다. 비교는 삶의 중심을 내가 아닌 타인에게 두었을 때 생긴다. 타인의 불행에서 순간의 기쁨을 느끼는 '샤덴프로이데Schadenfreude'나 타인을 무작정 깎아 내리는 '뒷담화'는 전혀 도움이 되지 않는다. 물론 그렇다고 우울한 현실을 잊기 위해 긍정적으로 살자고 다짐한다고 해서 하루아침에 그런 사람이 될 수도 없을 것이다. 행복커뮤니케이션 연구의 선두 주자인 김주환 교수는 "행복이 능력"이라고 말하며 스스로의 노력과 훈련으로 긍정적 정서를 키우는 자기 통제력을 제시한다.

영화 속 근육질의 주인공을 보고 그와 닮고 싶어 운동을 시작했다고 가정해보자. 소위 '몸짱'이 되기 위해서는 평소 즐겨먹던 치킨과 맥주도 자제하며 체지방을 줄여나가야 할 것이다. 최소 6개월 동안은 꾸준한 웨이트 트레이닝을 통해 근육을 키워야 한다. 이를 위해 얼마나 큰 인내와 노력이 필요한지 한 번쯤 도전해 본 사람은 알 것이다. 긴 호흡을 통한 꾸준한 훈련만이 원하는 결과에 이를 수 있다. 매사에 긍정적인 태도를 가진 사람이 되는 것도 몸짱이 되는 것과 같다. 뇌 과학자들은 인간의 뇌가 찰흙처럼 말랑말랑해 얼마든지 변형 가능하다고 본다. 대표적인 예가 특정 장애를 가진 사람들에게 다른 감각이 더 뛰어나게 발달하는 경우이다.

후천적으로 시력을 잃은 맹인의 경우 시간이 지날수록 시각피질이 청각 신호를 처리하도록 변화해 간다. 수학자 오일러 Leonhard Euler는 이십 대에 한쪽 눈을 실명하고 나서 모든 현상이 더 또렷이 보이게 되었다고 말했다. 육십 대에는 다른 한쪽 눈마저 시력을 잃었지만 뛰어난 기억력으로 수학사에서 그의 공식을 빼놓을 수 없을 만큼 가장 다작을 한 학자로 남았다. 베토벤 Ludwig van Beethoven은 또 어떤가? 음악가로서 사형 선고나 다름없는 청각 상실이 삼십 대에 시작되었고 사십 대엔 완전히 들을 수 없게 됐다. 그러나 베토벤은 대표작인 〈교향곡 제9번 합창〉을 이 시기에 작곡했다. 그 역시 청각을 잃은 덕에 정적 속에 울리는 더 깊은 내면의 선율을 들을 수 있었다고 말했다.

뇌의 가소성과 신체 효능감은 밀접한 연관이 있다. 이는 어떤 일을 통해 스스로 특정한 결과를 이끌어 낼 수 있다는 일종의 자신감이다. 다이어트나 꾸준한 운동을 통해 체중 감량에 성공한 사람들은 성별과 연령을 막론하고 스스로에 대해 긍정적으로 평가했다. 눈에 띄게 달라진 체형이 자신감의 원천이 된 것이다. 또한 이렇게 향상된 정신 건강은 다시 신체 효능감을 증가시킨다. 실제로 고령자들에게 에어로빅 운동을 지속적으로 하게 했을 때 고독감이나 우울감이 줄어들었고 활동량도 증가했다고 한다.

우리의 뇌는 근력과 유연성을 모두 가진 셈이다. 적절한 학습과 훈련은 우리의 뇌를 건강하고 젊어지게 한다. 뇌의 부정적이고 비관적인 정보 처리 루트를 약화시키고 긍정적인 루트가 강화되도록 습관을 들여야 한다. 긍정적 심리는 꾸준하고 체계적인 노력으로 만들어진다.

긍정적 사고의 루트를 강화한 심리적 미장센은 신체의 능력을 향상시키고, 꾸준한 운동을 통해 형성된 건강한 신체는 물리적 미장센이 되어 자신감의 원천이 된다. 가장 중요한 것은 긍정적 사고가 사람을 밝고 매력적으로 만들어준다는 점이다. 여유로운 미소와 맑은 표정 그리고 밝은 목소리와 통통 튀는 언어의 속도감은 주변인들을 기분 좋게 만든다. 당신의 목표가 무엇이든 이미 반은 먹고 들어간다고 볼 수 있다.

"나는 자연인이다."를 외치는 사람들은 스스로 자연 속으로 들어가 자연 안에 동화되어 간다. 그러나 당신은 직접 산에 들어갈 필요도, 뇌를 연구하는 과학자가 될 필요도 없다. 당신의 뇌는 이미 스스로 동화되어갈 준비를 마쳤다. 단지 당신은 그 방향을 선택하면 그만이다.

당신의 선택은 긍정인가, 부정인가?

완장 찬
꼰대들에게

사랑받는 리더가
될 것인가,
외로운 꼰대가
될 것인가

　　　윤흥길의 소설 《완장》은 권력이 주어진 평범한 인간이 어떻게 변해 가는지를 잘 그려내고 있다. 요즘은 어디서든 팔에 완장腕章을 두른 사람을 찾아보긴 힘들지만, 완장이라는 게 선택받은 이들의 권력을 상징하던 시절이 있었다. 권력의 탐욕과 폐해를 통렬하게 비판하고 있는 이 책이 출간된 1983년은 서슬 퍼렇던 군사정권 치하였다.

　　　나는 완장 찬 누군가를 아직도 기억한다. 그의 흔적은 여름만 되면 왼쪽 손등에 오르는 수포로 확인된다. 시작은 군 훈련소였다. 당시 한 조교가 훈련 중간의 쉬는 시간에 내게 물었다.

"넌 뭐하다 군대를 이렇게 늦게 왔어?"
"네, 뮤지컬 배우로 잠시 활동하느라 입대가 늦었습니다."
"그래? 그럼 너 아파도 아프지 않은 척 연기할 수 있지?"

그러더니 그는 한창 독이 바짝 오른 밤송이를 내 손등에 떨어뜨렸다. 당시에는 곧 지나갈 고통이라고 여기고 참았지만, 이후 매년 습한 여름 날씨에 땀이 나기 시작하면 덩달아 손등에 수포들이 다시 올라오곤 한다.

아마 사회에서 만났다면 그 조교는 별반 다를 것 없는 또래 친구였을 것이다. 그들도 군에 오기 전에는 평범한 학생이나 직장인이었을 텐데, 무엇이 그들을 가해자로 만드는 것일까. 여전히 이십여 년 전의 이야기가 생생히 떠오르는 것은 몸에 남은 생채기 때문이기도 하지만, 평소에는 오히려 밝고 매력적이었던 그 조교에 대한 기억 때문이다. 군 제대 후 그의 삶은 어떠했을까. 회사를 다녔다면 지금쯤 차장이 되었을 테고 직업 군인을 선택했으면 상사 혹은 중령쯤 되었을까. 확실한 한 가지는 논산에서의 그 한 달 남짓보다 더 무거운 '완장'을 차고 있을지도 모른다는 점이다.

《완장》에 등장하는 술집 작부인 부월은 연인 종술에게 이렇게 말했다.

"눈에 뵈는 완장은 기중 벨볼 일 없는 하빠리들이나 차는 게여! 진짜배기 완장은 눈에 뵈지도 않어!"

***

여명이 채 밝아오기도 전인 이른 새벽, 부다페스트 검찰이 한 아파트를 급습해 수십 년간 쫓던 범인을 체포했다. 놀랍게도 그 남성은 97세의 노인이었다. 그는 국제 유대인 인권 단체의 나치 전범 지명 수배자 1호인 '라슬로 차타리'였다. 차타리는 제2차 세계대전 당시 강제 수용소를 이끌며 유대인 만 이천여 명을 아우슈비츠 수용소로 보낸 혐의를 받았다. 그는 자신을 변호하며 일관된 주장을 펼쳤다.

"명령에 따라 임무를 다했을 뿐이다."

독일 치하의 유대인 학살에는 수많은 평범한 독일인들도 가담했다. 상상하기조차 두려운 홀로코스트holocaust의 중심에 무엇이 그들을 서게 했을까?

　20세기 전반에 걸쳐 독일 학계는 사회학과 철학에 집중했다. 독일 지식인들에게 나치즘nazism은 도저히 받아들일 수 없는 야만적 역사이며 절대 개인의 심리적 문제로 설명되어선 안 되는 문제였던 것이다. 결국 독일 사회는 자신들의 행동에 대한 책임을 다른 곳에 두기 위해 모든 종류의 권위주의에 대한 해체를 시도했다. 그러나 크리스토퍼 브라우닝Christopher R. Browning의 《아주 평범한 사람들》이 출간되며 분위기는 일순 달라졌다. 그는 홀로코스트의 만행이 나치의 이데올로기에 세뇌된 결과도 아니고 반유대인 정서의 집단 범죄도 아닌, 그저 상부 명령을 받은 평범한 대원들의 상황적 행동이라고 주장했다.

　파장은 엄청났다. 그 원인이 개인의 심리적 문제로 귀결된다면 전후 독일이 그토록 홀로코스트의 트라우마를 극복하고자 했던 노력이 말짱 수포로 돌아가기 때문이다. 유대인 학살의 원인은 사회 구조적 문제로 정리돼야만 했다.

*　*　*

　왜 사람들은 비인간적이거나 정의롭지 못한 권력자의 명령을 거부하지 못하는 걸까? 대체 '완장'이 무엇이기에 그 권력으로 인해 평범했던 이웃이 죄책감조차 없이 대량 학살의 장본인이 된단 말인가?

심리학자 스탠리 밀그램Stanley Milgram도 위와 같은 의문을 가졌고, 한 가지 실험을 한다. 신문 광고를 통해 무작위로 선별한 사람들에게 교사라는 일시적 가짜 '완장'을 채워주는 것이었다. 그들은 학생들을 대면하지 않고 인터폰으로 목소리만 들을 수 있는 상황에서, 한 번도 본 적 없는 수험생들의 오답에 전기 충격을 가했다. 생명의 위협이 있을 수 있다는 사실을 미리 경고했고, 마지막 버튼에는 '죽음death'라는 단어가 적혀 있었다. 스탠리 밀그램은 이 버튼을 누르는 실험 참가자는 1퍼센트를 넘지 않을 것이라 예상했다. 그러나 충격적이게도 실험에 참가한 교사 역할자의 65퍼센트가 마지막 버튼을 눌렀다.

돈 때문이었을까? 그들이 실험에 참여해 받게 되는 보상은 불과 사 달러(당시 한화 3만 5천 원의 가치)였다. 그 정도 값어치에 무려 열 명 중 일곱 명이 최후의 버튼을 눌렀을 리는 없다. 아무리 생면부지生面不知의 사람이지만 죽을 수도 있다는 경고를 듣고도 말이다.

이 실험은 밀그램이 전범인 아돌프 아이히만Adolf Eichmann의 재판을 보며 영감을 받은 실험이라 '아이히만 실험'으로도 불린다. 그는 나치 친위대 장교이자 수많은 유대인 수송의 책임자였다. 아이히만은 자신이 저지른 모든 잔혹한 행위가 그저 명령 때문이었다고 항변했다. 실제로 그는 평소에 법을 준수하며 결혼기념일에는 부인에게 꽃을 선물하던 평범한 남성이었다.

이 재판을 기점으로 독일이 국가적으로 전후 20세기 후반까지 개인에게서 원인을 찾으려 했던 노력은 결국 실패로 돌아갔다. 유대인 학살을 평범한 독일인 개인들의 심리적 문제로 바라보면서, 언제든 홀로코스트와 같은 참혹한 사태가 재연될지 모른다는 사실을 인정해야 했다.

이는 마치 상습적으로 음주 운전을 하는 사람이 단속에 적발된 후 대리운전을 불렀으나 오지 않았다거나 새벽 시간인 데다가 워낙 가까운 거리라 괜찮을 줄 알았다고 변명하는 모습과 유사하다. 국내 프로야구는 물론 메이저리그에서도 실력을 인정받았던 프로 야구선수가 음주 운전 세 번에 야구계에서 퇴출된 것을 보라. 기자회견까지 열어 새 사람이 되겠다고 호소했지만, 국민들의 시선은 냉담했고 더 이상 그에게 기회는 주어지지 않았다. 처절한 반성과 행동으로 변화를 입증하지 못한다면 돌아선 마음을 되돌릴 수 없다. 시대가 그랬다고, 상황이 그랬기에 어쩔 수 없었다고 변명하는 사람 혹은 국가를 신뢰할 수는 없을 것이다.

멀게는 5.18 민주화 운동과 가깝게는 세월호 참사를 겪으며 우리는 누구보다 뼈아픈 교훈을 배웠다. 권력을 탐하는 개인의 말 한마디에 한 나라의 국민이자 부모, 친구, 자식과 같은 이웃들의 목숨이 무참히 사그라졌다. 한 발 내려서면 실체 없이 사라질 신기루인 일개 '완장'을 지키기 위해 책임을 아랫사람에 전가하는 수많은 비겁자들을 향해 국민들은 분노했고 유가족들은 또 다른 고통을 받았다.

***

1945년 4월 30일 연합군의 공세에 더 이상 갈 곳 없이 지하 벙커에서 마지막 선택을 한 히틀러의 곁에는 파울 괴벨스Paul Joseph Goebbels가 있었다. 탁월한 대중 선동가로 독일 국민들로 하여금 나치즘을 광신하게 만든 장본인이자 6백 만 유대인 학살의 원흉인 나치의 2인자 괴벨스. 홀로코스트의 책임이 평범한 사람들에게 있었다는 역사의 판결은 역설적으로 괴벨스의 발언에서 명백하게 드러난다.

"상황이 사람을 만드는 게 아니라, 상황은 단지 사람이 어떤 종류의 인간인지를 보여줄 뿐이다."

'완장'은 최소한의 권력을 상징하는 '은유'다. 무언가를 결정할 권한이나 권력이 주어졌을 때 그것이 상시적이든 일시적이든 인간은 자신의 본성을 과감하게 드러낸다. 이는 사람이 죽고 사는 위중한 문제에만 국한되지 않는다. 아주 작은 결정조차 상대의 입장보다는 자신의 본성과 심리를 따르게 되는 것이다.

그러나 우리 사회의 갑과 을은 마치 뫼비우스의 띠처럼 끊임없이 순환한다. 그 누군가에게 우리는 때로 갑이며 또 때로는 을이다. 완장 찬 꼰대가 되지 않는 길은 관계에서 항상 약자를 먼저 바라보는 태도를 갖는 것이다.

어쩌면 당신은 순응과 복종 없이 어떻게 조직에서 더 승진하고 성공할 수 있겠느냐고 반문할지도 모른다. 그러나 이윤보다는 사람을 남기는 것이 장사라 했던 거상巨商 임상옥처럼, 사람을 남기지 못하는 리더는 그저 항상 갑이고 싶은 기득권일 뿐이다. 사랑받는 진정한 리더가 될 것인가? 모두 떠나고 덩그러니 외롭게 남겨진 꼰대가 될 것인가? 판단은 당신의 몫이다. 전자의 길을 선택했다면,

강자에게 올곧고 약자에게 유연하라.

밀도 있는
삶을 사는 법

반복되는 일상이
지루해진다면
기억해야 할 것

　　　　　　　　내가 한창 '스피치란 무엇인
가'에 대해 핏대 세우우며 강의하던 시기가 2010년 전후였다. 그
당시엔 내가 열변을 토해도 도통 모르겠다는 표정을 짓는 이 학
생들을 어떻게 하면 수업에 집중하게 할 수 있을지가 당시 나의
최대 고민이었다.

　　고민 끝에 얻은 하나의 팁은 '신선한 예를 들어 설명하기'였
다. 수강생은 아나운서를 준비하는 학생들이 주를 이루다 보니,
대학생이거나 사회 초년생이 대부분이었다. 아무래도 이성과 연

애에 대한 관심이 한창 많을 시기인 만큼 이들의 호기심을 자극할 만한 이야기를 생각해보곤 했다. 아마 한 번쯤은 다들 들어봤을 만한 유명한 이야기도 했다. "남자 눈에 가장 예뻐 보이는 여자는 누구일까? 바로 '처음 보는 여자'다."

우스갯소리지만 남자들의 심리와 특성을 엿볼 수 있다. 인간의 본능은 익숙함을 '식상함' 혹은 '지루함'으로 인식한다. 반면 처음 접하는 것에 대한 '낯섦'은 모든 인간이 자기도 모르게 선호하는 감정이다. 또한 예상치 못한 일이나 새로운 것에 대해 호기심을 품고 환호하는 인간의 심리로 보면 새로움과 낯섦은 같은 의미로 여겨진다.

사람이 체감하는 1년이라는 시간은 나이에 비례하여 짧아진다. 십 대에게 1년은 살아온 인생 전체의 1/10이나 된다. 하지만 사십 대에게 1년은 1/40에 불과하다. 마찬가지로 육십 대가 되면 1년이 인생의 1/60이니, 그 체감되는 시간이 얼마나 짧겠는가. 그러나 나이 체감의 법칙 이면에는 익숙함이 반복되다 보니 지루함이 된다는 안타까운 이유도 자리잡고 있다.

인생의 중요한 이벤트는 대부분 이십 대 초반에서 사십 대 중반 사이에 집중되어 있다. 의무 교육과 대학 졸업이 필수 과정인 한국 사회에서 인생의 가장 큰 첫 번째 이벤트는 대학 입시다. 대학을 졸업하고 나면 첫 직장을 잡고 연애에 이어 결혼하고 아이를 낳아 키우며 자신의 가정을 새로 꾸리는데, 이 모든 사건이 약 이십 년이라는 시간 안에 벌어진다. 이후 자녀들이 결혼하면 할머니 할아버지가 되고, 슬프지만 부모님과는 죽음으로 이별을 맞게 될 것이다. 실제로 노인들에게 지난 삶에서 가장 기억에 남는 장면을 물었을 때도 이십 년 남짓의 이 기간에 일어난 일들을 가장 많이 꼽았다고 한다. 심리학에서는 이를 '회고 절정 reminiscence bump'이라 말한다.

우리의 삶에서 '처음' 접하는 이벤트가 대부분 젊은 나이대에 집중되어 있고, 이후 중장년과 노년으로 이어지는 동안에는 말 그대로 새로울 것 없는 일상이 반복된다. 회고 절정은 인간이 낯선 것에 목말라한다는 충분한 근거를 제시한다. 우리는 나이가 들어서도 새로운 경험을 하거나 또다른 인생을 살아볼 기회가 많지 않기 때문이다.

*　*　*

번지점프를 하는 사람들은 이 행위를 새로운 도전으로 인식한다. 튼튼한 끈으로 묶여 안전하다는 건 알지만, 맨몸으로 수십 미터 높이에서 스스로 뛰어내린다는 것은 죽음의 공포마저 느끼게 한다. 그런데 실제로 이런 극단적인 도전은 물리적 시간의 법칙마저 거스른다.《창조하는 뇌》의 저자 데이비드 이글먼 David Eagleman은 이를 입증하는 실험을 했다. 그는 지원자들을 모아 49미터 높이에서 그물망 위로 뛰어내리게 하고, 이후 낙하하는 시간을 어느 정도로 느꼈는지 물었다. 그들의 대답은 실제 낙하 시간의 평균보다 36퍼센트 길었다. 일상에서 크게 벗어나 낯선 경험을 하는 순간, 심지어 극심한 공포를 느끼며 낙하하는 시간을 실제보다 훨씬 길게 체감한 것이다. 죽음의 위기에서 극적으로 돌아온 사람들이 흔히 그 짧은 순간이 마치 몇 시간 같았다고 회상하는 것과 같은 이치다.

전 인류를 통틀어 '낯섦'의 시간을 가장 극적으로 경험한 사람은 누구일까? 바로《죄와 벌》을 남긴 대문호 도스토예프스키 Dostoevskii다. 어린 나이에 러시아 평단의 주목을 받은 그는 사회주의 경향의 모임에 가담해 당시 러시아 정치 체제를 비판했다. 이에 황제인 니콜라이 1세는 도스토예프스키를 포함한 33명을 체포하여 사형을 선고한다. 그러나 마치 영화처럼 사형 집행 직전에 황제의 사면으로 유배가 결정되었다는 소식이 전해지며 삶을 이어가게 됐다. 시베리아에서 보낸 4년여의 고된 수용소 생활 속에서도 그는 덤으로 얻은 삶의 소중함을 되새기며 머릿속으로 수 없는 작품들을 써나갔다. 그리고 다시 세상으로 나온 후《백치》라는 장편소설을 통해 이런 구절을 남겼다.

"나에게 마지막 5분이 주어진다면 2분은 동지들과 작별을 고하는 데, 2분은 짧은 삶을 되돌아보는 데, 그리고 남은 1분은 세상을 바라보는 데 사용하겠다. 언제나 이 세상에서 숨을 쉴 수 있는 시간은 단 5분뿐이다."

***

도스토예프스키처럼 극단의 낯선 시간을 겪지 않음은 다행이지만, 어쩌면 나는 두려움을 이기고 번지점프대에 올랐어야 했던 게 아닐까? 도전은 두려움의 또 다른 이름이다. 당신이 새롭지 못한 것은, 어린 날처럼 매일이 흥미롭고 생생하지 못한 것은 단지 회고 절정의 시기를 지나 반복되는 일상 때문만이 아니다. 낯선 것을 받아들이려는 의지, 두려움을 마주할 용기가 부족하기 때문이다. 어쩌면 우리는 눈앞에 닥친 일들만 관성적으로 처리해가며 정작 남은 삶에서 누릴 수 있는 수많은 도전과 가능성을 놓치고 살고 있는 게 아닐까?

도스토예프스키는 극적으로 사형 집행이 정지된 이후 인생을 더 밀도 있게 살며 수많은 명작을 남겼다. 죽음의 문턱에서 온 난치병 환자가 아니더라도, 마음먹기를 달리한다면 우리에게도 그런 기회가 수없이 남아 있다. 당신은 어떤가? 세상살이가 더 이상 새로울 것 없어 지루한가? 그래서 사람들의 이목을 끌 창의성마저 잃었는가? 그럼 이 말을 기억하자.

언제나 인생은 5분의 연속이다.

매력을
만드는
후광 효과

배경이
집중을 만들고,
집중은 곧
설득을 이끌어낸다

"Manners maketh man(매너가 사람을 만든다)."

영화 〈킹스맨〉 속 해리(콜린퍼스 분)의 이 대사는 영화를 안 본 사람이라도 여러 차례 들어봤을 것이다. 멋들어지게 슈트를 차려 입은 신사가 악당들을 응징하기 전에 읊었던 이 말은 많은 사람들의 공감과 함께 명언으로 자리 잡았다. 매너가 사라진 시대에 대한 역설이자, 짜증과 화가 팽배한 현실에 대한 일침, 그리고 가감 없이 자신의 기분을 드러내는 시대에 대한 방증일까?

프랑스의 철학자 파스칼Blaise Pascal이 "인간은 생각하는 갈대"라고 말했던가. 인간은 갈대처럼 예상치 않은 작은 변화에도 쉽게 흔들린다. 그리고 그 사소한 흔들림이 모여 사람의 판단과 결정에 영향을 미친다. 사람들은 타인이 무엇을 말하기도 전에 외모와 목소리만으로 태도를 형성해 버린다. 그 태도를 바꾸는 데에는 생각보다 많은 시간과 노력이 필요하다.

***

첫 만남에서 주는 인상이 상대에게 절대적인 영향을 미치는 순간이 있다. 바로 소개팅 자리다. 사실 어디에 가서 뭘 먹을지부터 어떤 대화를 나눌지까지 내가 주도해야 한다는 압박감이 있었던 탓에, 내게 소개팅은 설렘이자 두려움이 공존하는 카이로스였다. 원빈의 외모도 이병헌의 목소리도 없고, 심지어 더는 젊지도 않고 반려견도 없었던 내가 이때 활용할 수 있었던 몇 가지 팁이 있다.

첫째, 벽을 등지고 앉아라. 사람들이 벽 쪽 자리를 선호하는 건 자신을 보호하려는 본능 때문이다. 과거 인류가 수렵과 채집을 하던 시절에는 맹수로부터 자신을 보호하고, 남들보다 먹을 것을 빨리 찾기 위해서 최대한 시야를 확보해야 했다. 인간에게 가장 취약한 공간은 등 뒤일 수밖에 없고, 등 뒤에 벽이 있으

　　　　　3장. 말은 언제나 사람을 향한다

면 자연스레 심리적인 안정으로 이어진다. 그럼 왜 상대에게 잘 보이려 노력해도 시원찮은 상황에 좋은 자리를 선점하라는 것인가? 인간의 시야는 한정적이라 한눈에 들어오는 범위는 45도 이내다. 게다가 시각이라는 것이 거리와 연관성도 있어 가까울수록 좁아진다. 벽을 등지고 앉아야 하는 이유는 여기에 있다. 상대가 오로지 당신에게만 집중하게 만들라는 뜻이다.

주의 집중은 불필요한 자극에 대한 반응을 억제하고, 선택적인 특정 자극에 집중해 반응하게 하는 일련의 정신적 과정이다. 여기에서 선택적인 자극이라는 부분에 주목해야 한다. 만약 당신이 첫눈에 반한 상대가 있는데, 그쪽은 당신에게 전혀 관심이 없는 눈치라고 가정해보자. 상대가 당신의 이야기를 집중할 만한 선택지로 인지하지 않는다면 외부 자극에 눈을 돌리거나 산만해질 가능성이 높다. 외부 자극이 불필요하고 부정적이라고 인식하지 않기 때문이다. 그래서 자리 선정이 잘못되면 시작부터 의문의 1패를 안고 불리한 게임을 진행하게 될 수가 있다.

둘째, 조명 앞에 앉아라. 인간의 오감을 자극하는 빛, 소리, 냄새 등의 요소는 의외로 사람의 기분을 좌우하고 심지어 판단과 행동에까지 영향을 미친다. 이 중에서 시각은 '빛'에 의해 형성되고 인지된다. 조명은 인간이 실내에 있거나 해가 진 뒤에 빛의 역할을 수행하기 때문에, 일상에서 크고 작은 영향을 미친다.

조명이 사람들에게 미치는 영향은 크게 두 가지로 나누어 볼 수 있는데, 밝고 어두움을 느끼는 물리적, 생리적 측면과 예쁘거나 편안한지 등의 심리적, 감정적 측면이다.

'후광 효과halo effect'는 말 그대로 등 뒤에서 비추는 빛이 주는 효과를 말한다. 앞쪽에 그림자를 만들어 사물의 윤곽을 밝게 하는 역할을 하는데, 보통 '헤일로 이펙트'라는 심리학 용어로도 많이 쓰인다. 우리는 흔히 인상이라는 일부를 통해 전체를 평가하는 경우가 많다. 그러다 보면 사실과 다르게 과대 또는 과소평가하게 되는 오류가 발생하는데, 전형적인 예가 한 사람의 외모가 주는 영향력이 그 사람의 다른 면을 압도하는 경우다. 외형 뿐만 아니라 좋은 동네에 살고 명문대를 나왔거나 대기업에 다닌다는 이유만으로 타인에 비해 우월한 위치에 있다는 착각도 마찬가지다.

셋째, 음악은 이용하고 소음은 피해라. 나는 카페에 가면 우선 테이블 간격을 먼저 살핀다. 테이블 간격이 너무 좁아 옆 테이블의 소리가 들리면 대화에 심각한 노이즈noise 요인으로 작용하기 때문이다. 이는 물리적 거리로만 해결되는 것이 아니고, 해당 공간의 소음이나 음악이 적절히 어우러져야 한다. 음악이 지배한 공간에서는 목소리를 크게 내야 하는데 너무 높은 목소리 톤은 서로에게 불편한 감정을 느끼게 한다.

어떤 선택의 순간에는 음악의 종류 자체도 변수가 된다. 친숙한 배경음악이 나오는 매장에서는 구매 시간이 길어지고, 불필요하게 큰 음악 소리가 흐르면 고객이 매장에 머무는 시간이 짧아진다는 실험 결과도 있다. 국내 백화점에서도 가장 붐비는 점심시간과 오후 4~5시에는 차분한 음악을 틀었을 때 매출이 증가했다. 대형 슈퍼마켓들도 음악의 템포를 시간대마다 달리하고 있다. 홈쇼핑에선 방송 배경음악에 따라 매출 효과가 다르다는 결과를 속속 내놓고 이를 적극 활용하기도 한다.

조명을 등지고 앉아 적절한 음악으로 분위기가 달아올랐다면 이제 스테이크를 주문하면 된다. 그리고 후식으로는 초콜릿이 듬뿍 올라간 달달함을 선택하고, 다음 약속으로는 공포영화를 상영하는 극장이나 상대방의 기분을 하늘까지 높이 올려 줄 놀이공원을 적극 제안해보자. 달달한 음식의 성분이 상대의 기분을 풀어줄 것이며, 인위적인 공포를 공유하며 상대는 당신에 대해 동질감과 믿음을 느낄 것이다. 상대의 기분에 집중해 정서적인 변화를 긍정적으로 이끌어 내는 데 성공했다면 이제 본격적 관계의 기초는 다진 셈이다.

정서의 변화는 결국 태도를 형성하고, 그 태도가 우리의 크고 작은 선택을 만드는 것이다. 정서의 변화를 유도하기 위한 첫 단계는 주목에 있다. 당장 당신의 말에 집중하게 할 수 없다면 적어도 당신을 바라보게 하라. 그리고 당신에게서 눈을 돌릴 수 없게 만들어라. 여기에 성공했다면 이제 본격적인 소통의 시간이다.

공감의
미장센

호감을 만드는
마법의 열쇠

학창 시절을 떠올려보면 각자가 좋아하는 자리를 무의식적으로 선택하곤 했다. 누구는 뒷자리, 누구는 창가 등 취향이 달랐다. 공부 열심히 하는 학생들은 앞자리에, 입시와 학업에서 멀어진 학생들은 마음의 거리만큼이나 칠판에서 뚝 떨어진 뒷자리를 선호했다.

사람의 심리가 자리를 결정할까? 아니면 어떤 자리에 앉느냐가 사람의 심리를 결정할까? 닭이 먼저냐 달걀이 먼저냐의 딜레마가 떠오른다. 하지만 어느 것이 먼저인지 인과 관계를 논리적으로 따지는 것은 의미가 없다. 인간의 심리는 주변 환경에 영향을 받고, 심리적 안정을 위해 주변 환경을 선택하거나 적극적인 변화를 만들기도 한다. 마치 연극이나 영화의 연출자가 전하고자 하는 감정과 스토리를 위해 촬영장의 세트와 소품을 조작하는 미장센처럼 말이다.

편안함과 불편함은 정서의 문제다. 행동심리학에선 정서를 크게 두 가지 유형으로 본다. '우울'과 '불안' 등 특징적 정서affective trait와 '기분'이나 '감정' 등 상태적인 정서affective state다. 예를 들어, 장기화된 코로나19로 인한 사회 경제적 손실에서 오는 좌절, 실직이나 부모의 지병 등으로 오는 우울, 큰 시험이나 업무를 앞둔 상황에서 불안 같은 정서는 시간이 흐른다고 해결되지 않는다. 문제 해결을 수반해야 하는 특징적인 정서다. 반면 분위기 좋은 카페에서 향이 좋은 커피를 마시며 감미로운 음악을 접했을 때 느끼는 기분이나 호감 가는 상대를 앞에 두고 나누는 대화에서 느끼는 감정은 상태적인 정서다. 이는 현재 상태에 따라 변하기 때문에 일시적이고 즉흥적이다.

앞서 성공적인 소개팅을 위해 제안한 몇가지 팁처럼 타인의 '상태 정서'에 집중할 이유가 여기에 있다. 긍정적 정서는 일시적인 효과지만 시각적 주의력을 확장시키고 관점과 행동의 범위를 넓혀준다. 긍정적 정서가 형성된 사람들은 목표물에 더 시선을 오래 둔다. 쉽게 말해 관대해진다. 반대로 부정적 정서는 상대를 신중하고 경계하게 만든다. 그렇기에 성공적인 대화와 소통을 위해선 상대의 기분과 감정에 집중해야 한다.

***

여름밤 한강변에 나가보면 다양한 사람들이 너도나도 모여 있다. 그중 단연 눈에 띄는 건 보호자와 산책에 나선 반려견들이다. 예쁜 강아지일수록 인기가 좋다. 주변에 끊임없이 사람들이 모여들고, 보호자의 함박웃음과 달리 반려견의 표정은 어리둥절하다. 또 고개를 돌려보면 반려견 못지않게 눈길을 사로잡는 존재가 있으니, 바로 아장아장 귀엽게 걸음을 떼는 아이들이다. 여기에 더해 젊음의 에너지가 충만한 청춘들도 보는 이들의 기분을 좋게 한다. 실제로 3B라 부르는 고전적 광고 기법은 미인Beauty과 아기Baby 그리고 동물Beast을 등장시켜 사람들을 주목하게 만들고, 호감, 친숙함을 노린다.

공감의 미장센으로 활용된 3B는 한 나라 대통령의 운명까지 바꿔놓았다. 미국의 초대 대통령인 조지 워싱턴이 반려견과 함께 백악관에 입성한 후 이는 일종의 전통으로 자리 잡았다. 역대 대통령 45명 중 30명이 동참했고, 조 바이든 대통령의 반려견

3장. 말은 언제나 사람을 향한다

인 메이저는 최초의 유기견 퍼스트 도그에 이름을 올렸다. 미국 전체 가정의 대략 70퍼센트가 반려견을 키우는 사회 분위기에도 힘입어 퍼스트 도그는 순수한 가족의 개념을 넘어 정치적 노림수가 되기도 했다.

그중 최고의 퍼스트 도그를 꼽는다면 단연 리처드 닉슨 대통령의 반려견 '체커스'다. 닉슨 대통령은 아이젠하워의 러닝메이트로 나와 공금 유용 의혹을 받았는데, 이런 정치적 위기에 그를 구한 것이 바로 '체커스 연설'이었다.

"지인으로부터 후원금을 받은 건 사실입니다. 그러나 단 한 푼도 개인 용도로 쓰지 않았습니다. 국민과 유권자 여러분께 사과드립니다. 개인적으로 특별한 선물을 받기는 했습니다. 작은 코커스패니얼인데, 6살 된 딸이 체커스라고 이름 붙였죠. 누가 뭐라 해도 체커스만은 키울 겁니다."

미국 전역에 생중계된 이 연설은 폭발적 반응을 불러왔고 공금 유용 의혹은 일순 사라졌다. 이를 계기로 닉슨의 인지도는 상승곡선을 그려 결국 백악관의 주인이 된다. 이 정도면 3B라는 공감의 미장센은 성공 확률이 매우 높은 만능열쇠라 할 만하다.

당신이 미남 미녀여야 한다거나, 늘 반려동물과 동반하여 다녀야 한다는 의미는 아니다. 핵심은 상대방의 상태 정서에 영향을 미치는 비언어적 요소의 중요성을 간과해서는 안 된다는 것이다. 당신 자신은 오롯이 하나의 미장센이다. 시각적 요소인 단정한 외모와 옷차림, 혹은 청결을 유지하려는 노력이나 자신만의 좋은 향을 가지는 것도 말의 내용 못지 않게 중요하다. 일찍이 언어학자 메라비언Albert Mehrabian은 이를 '침묵의 언어'라고 표현하기도 했다.

첫 만남에서 입을 열기도 전에 당신을 향한 타인의 태도는 이미 형성된다. 관계의 시작에서는 외모적으로 호감을 주는 사람이 유리할 수밖에 없다. 그러나 모든 관계가 비언어적 요소로 결정되어 버린다면 이렇게 구구절절 긴 이야기를 늘어놓을 필요도 없을 것이다. 이는 어디까지나 첫인상과 관계 초기에 한정된 문제다. 그렇기에 우리는 아직 노력할 여지가 남아 있고, 여전히 갈 길이 먼 것이다.

정보의
바다에서
진주를 찾다

흘러보낼 수 없는
정보를
기억하는 법

아무리 찾아도 보이지 않던 TV 리모컨과 휴대폰이 자신의 손에서 발견되는 드라마 속 해프닝은 더 이상 남의 일이 아니다. 영양 과다로 인해 비만과 당뇨가 사회 문제로 대두되었듯, 나이를 불문하고 누구나 스마트 치매에 걸리는 시대가 되었으니 말이다. 먹을 것이 풍족한 시대에서 각종 성인병이 발발하는 것처럼, 정보가 넘쳐나는 시대에서 우리 뇌도 이상 증상을 보이기 시작했다. 수용자인 우리는 정보 과부화로 인해 어느 순간 정보를 애써 회피하고 있다.

매일 손으로 만지고 문지르며 우리 몸과 일체화된 휴대폰은 우리를 사이버 세상으로 이끈다. 그곳에서 감당하기 힘들 정도의 정보량이 쏟아지고 있지만 우리의 머리는 그것을 제대로 담아두지 않는다. 마치 읽지도 않고 삭제하는 이메일이나 듣고 흘려버리는 엄마의 잔소리처럼 말이다.

그러나 소위 정보 과부하로 인한 집중 장애는 꼭 필요한 정보를 놓치는 것 정도로 끝나지 않는다. 개인의 이미지에 부정적인 영향을 미치게 되고, 당신의 언어가 상대에게 도달하지 못하도록 하는 장벽으로 작용하기도 한다. 이를테면 우리가 이미 흔히 겪고 있는 증상들은 다음과 같은 현상과 깊게 연관되어 있다.

하나, 멀티태스킹multitasking은 능력이 아니라 기억력 감소의 원인이다. 예나 지금이나 공부를 하면서 음악을 듣는 학생들이 있다. 음악을 듣는 행위가 공부에 도움이 되는지는 동서양을 막론하고 찬반이 첨예하게 부딪치는 주제다. 현대에 와서는 과장된 측면이 있다는 의견이 나타났고, 영국 센트럴랭커서대 심리학부 연구팀은 '음악은 종류에 상관없이 창의적인 작업 수행 능력을 저해한다'는 연구 결과를 내놨다. 언어 창의력 검사를 진행했더니 종류 무관하게 음악을 들으며 문제를 풀면 조용한 환경에서 풀 때보다 오답률이 높았다는 것이다. 현대 사회에서 우리의 집중력이 저하되는 원인이다.

현대인들은 자발적, 비자발적으로 멀티태스킹에 노출되어 있다. 인터넷을 이용하며 TV를 보거나, 공부를 하며 유튜브 동영상을 시청한다. 사전적 의미에서 멀티태스킹이 일종의 '능력'이라고 기술된 것과는 달리 단시간에 두세 가지 일을 처리하며 느끼는 자신의 유능감은 단기적 쾌락을 주는 도파민dopamine의 영향일 뿐이다. 이러한 도파민이 주는 흥분에 빠진 순간이 많을수록 주의력결핍장애를 넘어 치매를 겪을 확률이 커진다.

　　인간의 뇌는 사실 멀티태스킹이 불가능하다. 뇌는 서로 다른 일에 적응하고 집중하기 위해서 어느 정도의 시간을 필요로 한다. 멀티태스킹은 단지 두 가지 이상의 일에 대해 빠르게 초점을 옮겨다니는 것일 뿐 실제로는 어느 것 하나 제대로 하지 못하고 있는 것이다. 복수의 전자 정보와 미디어 정보를 동시에 주기적으로 받아들이는 사람은 기억력에 문제가 발생할 확률이 높아진다. 멀티태스킹의 지속적 노출은 우리의 예상보다도 훨씬 심각한 문제인 셈이다.

　　둘, 쏟아지는 무차별적 정보는 불안과 회피의 원인이 된다. 유튜브로 대변되는 영상 콘텐츠 혁명은 정보의 홍수를 불러 왔다. 기술의 발전으로 우리가 접할 수 있는 정보의 양은 기하급수적으로 늘어났다. 정보 불안은 정보의 홍수 속에 살면서도 오히려 정보가 부족하다고 느끼는 현상을 말한다. 이 표현은 '정보의 설계자'로 불리는 미국의 그래픽 디자이너 리처드 솔 워먼Richard Saul Wuman이 처음 사용했다. 끊임없이 발전하는 IT 기술로 인해 살면서 배워야 할 것들이 쉼 없이 늘어나고 있다. 현대인들은 새로운 데이터 처리 방법을 체득하는 것에 대한 두려움을 느낀다. 정확히는 뒤처질지 모른다는 잠재적 공포다.

극심한 정보 불안은 사람들의 집중력을 떨어뜨린다. 이는 산만함과 내적 분노 그리고 초조함의 원인이 된다. 공부를 하기 싫어하는 사람이 공부할 시간만 되면 말이 없어지거나 우울해하는 것과 마찬가지다.

오늘날만큼 인간의 시간과 주의력을 훔쳐 가는 도둑들이 넘쳐나는 시대가 있을까. 출근길에 콩나물시루처럼 빼곡한 버스나 지하철에 갇혀 스마트폰을 들여다본다. 주의를 기울이려 해도 어디에, 왜 기울여야 하는지 알 길이 없다. 우리의 뇌는 점점 집중할 수 있는 의지와 능력을 상실한다. 오죽하면 이런 광고 카피가 등장했겠는가? "아무 것도 안하고 싶다. 이미 아무 것도 안하고 있지만, 더 격렬하게 아무 것도 안하고 싶다."

하지만 우리는 아무것도 하지 않을 수가 없다. 말을 하고 싶지 않아도 사람을 만나야 하고, 물건을 사기 위해서는 키오스크를 써야 하며, 누군가와 소통하기 위해 스마트폰을 사용해야 한다. 이와 같은 현실 속에서 스마트 치매와 정보 불안을 해소하는 방법은 반어적이면서 상당히 아날로그적이다. 그것은 바로 꾸준한 스크랩과 메모다.

***

시사 평론가 K는 소위 '메모광'이다. 방송에서 다양한 정치와 사회 이슈들에 대해 평론해야 하기 때문에 언제나 정보와 지식을 수집한다. 그의 손에는 항상 책이 들려 있고 노트북 메모장에는 그간 읽은 책에 대한 요약과 다양한 정보에 대한 스크랩이 가득하다. 최첨단 애플 노트북의 여러 기능이 K의 메모와 정리를 도와주는 수단이다. 햄버거 가게 키오스크 앞에서 헤매는 그의 모습과는 정반대의 면모랄까. 아날로그와 디지털이 혼재하는 세상 속에서 말 그대로 '낀 세대'의 전형이라고도 볼 수 있겠다.

혹자는 반문할 것이다. 인터넷과 유튜브에 넘쳐나는 정보를 그저 검색해서 쓰면 될 일이 아니냐고. 그러나 스크랩과 메모는 단지 정보를 얻기 위한 것이 아니다. 이는 마치 치매를 치료하는 훈련과 같다. 하나의 이슈에 집중해 내용을 파악하고, 나에게 맞는 정보를 찾는 행위 자체는 플로피 디스크화 된 우리의 두뇌를 다시 반영구적 저장 장치인 하드 디스크로 바꾸어준다. 스크랩은 자신만의 콘텐츠를 구성하는 바탕이 되고 수시로 행하는 메모는 부족한 기억력을 만회해 줄 뿐 아니라 독창적 아이디어의 기초가 된다.

디지털 디바이스를 통한 정보는 휘발성이 강해 초단기적이다. 읽고 돌아서는 순간 날아간다 해도 과언이 아니다. 사이버 세상의 특징이다. '사이버cyber'는 '버츄얼virtual'과 같은 의미로 현실에 존재하지 않는 가상의 공간이다. 스크랩이 가지는 가장 큰 효용성은 여기서 비롯한다. 하나의 주제에 집중해서 정보를 찾아내고 정리하며 이를 편집하는 과정에서 정보는 현실성을 획득하고 개인의 지식으로 체화된다. 다음은 내가 활용하는 스크랩의 쓰리 원three one 원칙이다.

One Day: 하루의 이슈들을 분야 상관없이 나열해 본다.
One Theme: 그중 가장 중요한 하나의 주제를 선정한다.
One Page: 주제와 관련한 뉴스를 정리하고, 모르는 단어나 표현을 찾아 각주를 단다. 이를 반드시 A4 한 페이지 내에서 정리한다.

그리고 마지막으로 가장 중요한 과정이 남았다. 한 페이지로 정리된 스크랩은 반드시 프린트로 출력하고 물리적으로 파일링filing하는 것이다. 디지털이 아날로그로 변환되는, 가상의 것을 현실로 가져오는 순간이다. 또한, 흩어져 있던 정보가 나만의 살아있는 정보로 재탄생하는 순간이기도 하다. 가상의 정보에 현실성을 부여하는 이 과정은 생각 이상으로 효과적이다.

인간의 기억은 망각 곡선을 따른다. 독일의 심리학자 에빙하우스Hermann Ebbinghaus의 연구에 따르면 처음 접한 정보에 대한 기억은 하루가 지나면 단 30퍼센트만 남는다고 한다. 이후에는 완만한 하강 곡선을 그리며 지속해서 잊혀가는 것이다. 이를 극복할 수 있는 방법은 바로 하루가 지나기 이전에 같은 정보를 다시 접하는 것이다. 스크랩의 물리적 파일링은 여기서 힘을 발휘한다. 스스로 정리한 정보는 망각의 속도를 늦출 뿐만 아니라 다시 들여다보기 쉬워 온전한 기억을 유지하도록 돕는 최고의 방법이다. 언론 고시라 부르는 방송사 필기시험의 필수과목인 일반 상식에서 항상 상위권 점수를 받을 수 있었던 나만의 비결이다. 현재도 방송에서 활용하는 수많은 인용과 애드리브의 원천이기도 하다.

'메모광'인 시사평론가 K는 스크랩과 메모를 하는 데 있어 가장 중요한 요소에 대해 묻자 이렇게 말했다.

"스크랩은 자신이 원하는 정보를 미루지 않고 빠르게 정리해두는 게 핵심이에요. 여기서 놓치지 말아야 할 또 다른 점은 신뢰할 수 있는 정보인지 판단하려는 노력입니다."

자신만의 지식을 쌓고 활용하기 위해 분기마다 나오는 상식 모음집을 사거나 제품 포장용으로 전락한 배달 신문을 오려 붙일 필요는 없다. 그러나 그에 못지않은 작은 노력은 필요하다. 앞서 제시한 스크랩 방법을 일정 기간 꾸준히 실천해보라. 물론 습관이 될 때까지 지속성을 갖기가 쉽지는 않다.

어떤 정보보다 신뢰할 수 있으며 지치지 않는 지속성을 가진 엄마의 잔소리가 새삼 소중한 이유다.

슬픈
혼잣말

삶을 바꾸는
가장 강력한 메시지는
나에게 전하는 대화다

　더 이상 반려견을 키우지 않
겠다는 다짐은 마치 꼭 술을 끊겠다는 결의처럼 쉽게도 무너지
고 만다. 이 사랑스러운 털뭉치들은 한강 산책길에서도, 무심히
들여다본 길가의 동물병원 안에서도 수시로 눈에 띈다. 하지만
어떤 경험 이후로 우리 집은 금견禁犬의 구역이 되었다.
　군 휴가를 나온 어느 날, 우리 집에 초롱이라는 요크셔테리
어가 새 식구로 들어왔다. 초롱이가 이후 석순이라는 딸을 낳으
며 우리 집은 다시 생기로 넘쳐나기 시작했다. 그 무렵 이미 부

모님 두 분은 모두 환갑을 넘기신 상태였다. 행복한 시간은 항상 그렇듯 빠르게 흘러 딸인 석순이가 먼저 노환이 왔고 1년여 동안 신부전 투병 생활을 했다. 그리고 어느 날 의사가 석순이를 그만 보내 주는 것이 어떠냐며 마지막 순간을 지켜볼 것인지 힘든 선택을 권유했다. 아버지는 도저히 못 보겠다며 나가셨고, 치료실엔 나와 어머니 그리고 의사만 남았다. 고통 없이 심장을 멎게할 약물이 투여되고 가쁜 숨을 애처롭게 내쉬면서도 석순이는 마지막 순간까지 우리에게 입을 맞춰 주었다. 울지 않으려 안간힘을 쓰며 담담히 그녀를 보내 주려 했던 나를 오열하게 한 것은 평온하게 숨을 멈춘 석순이가 아니었다. 어머니의 짧고 슬픈 혼 잣말이었다.

"석순아, 사랑해…."

***

이야기가 우리를 인간이게 하는 필수불가결한 요소라고 보는 시각은 캐서린 넬슨Katherine Nelson의 저서 《Narratives from the Crib》에서도 엿볼 수 있다. 이 제목을 직역하면 '요람에서의 서사'라는 뜻이다. 제목 그대로 발달심리학자인 캐서린은 두 살

배기 딸 에밀리가 잠들기 전 요람에서 하는 행동을 관찰했다. 아이를 키워 본 부모라면 누구든 보았을 행동인 '옹알이'에 담긴 의미에 대한 궁금증 때문이었다. 캐서린은 딸의 방에 녹음기를 설치한 후 재잘거리는 소리를 무려 18개월간 녹음했다. 그녀는 동료 심리학자 그리고 언어학자들과 함께 분석하다가 놀라운 사실을 발견한다. 아이는 마치 일기를 말로 쓰듯 그날 있었던 일을 정리하거나 인상 깊었던 사건들을 되뇌고, 심지어 다음날 무엇을 할지에 대한 계획까지 세우고 있었다. 옹알이는 의미 없는 소리가 아닌 '이야기가 담긴 혼잣말'임이 밝혀지는 순간이었다.

사실 내가 혼잣말에 대해 진지한 고민을 하게 된 계기는 불시에 받은 질문 때문이었다.

"쌤, 그러면 혼잣말은 스피치인가요?"

스피치의 정의를 다시 상기해보자. 스피치는 '목적 있는 말하기'로 목적과 더불어 대상이 존재한다. 그렇다면 혼잣말을 스피치라 할 수 있을까? 적어도 나의 답은 'Yes'이다.

언어학자마다 정도의 차이는 있지만 보통 성인들은 하루 평균 만 육천여 개의 단어를 사용한다고 한다. 그런데 이야기를 하고자 하는 인간의 욕구가 타인과의 대화로 충분히 해소되지 않을 경우, 이는 혼잣말의 형태로도 표출된다. 스스로가 의도했든 상황에 의해 어쩔 수 없든 자신의 이야기를 들어줄 사람이 없으면 풀지 못한 감정이나 생각이 쌓인다. 이런 상황이 지속되면 외로움을 넘어 불안감마저 느끼게 된다. 이 경우 혼잣말은 이를 해소하는 도구가 되는 것이다.

모든 혼잣말은 목적을 지닌다. 깊은 밤 화장실에 가고 싶어 깨어나 어두운 거실로 나왔을 때 돌연 무서움을 느낀 적이 없는가? 거실에 자고 있던 강아지에게 말을 걸어 깨우지도 못할 때 괜스레 혼자 중얼거리지 않았는가? "오우, 날씨가 제법 쌀쌀하네!"와 같이 말이다. 배고플 때 혹은 하품을 하고 나서 "아 배고파", "하아, 졸려!" 이렇게 무심히 말하는 자신을 발견하기도 한다. 부정적인 감정을 담은 혼잣말의 경우는 주로 지난 사건이나 행동에 대해 스스로 후회하며 그 생각을 반복할 때 나타난다. 심리학에선 이를 반추사고rumination라 한다. "아, 내가 그때 왜 그랬지?", "젠장, 하필 내가 거기서 왜 그런 말을 했을까?" 등의 아쉬움과 후회의 표현들이 그것이다. '이불 킥'이라고 해도 좋을 이런 혼잣말 역시도 부정적인 감정을 털어내고자 하는 순기능을 갖는다.

그럼 혼잣말은 누구를 대상으로 하는가? 바로 자기 자신이다. 그래서일까? 영어로는 'private speech'라고 한다. 무서울

때는 무서움을 떨치기 위해서, 외로울 때는 외로움을 달래려고, 심심할 때는 할 일을 찾기 위해 우리는 혼잣말을 한다. 민망한 일에 대해선 이불 킥과 함께 털어내고, 후회되는 일에 대해선 반성의 의미를 지니기도 한다. 사람마다 정도의 차이는 있겠지만, 대부분의 혼잣말은 이렇듯 긍정적인 기능을 수행하는 경우가 많다.

제대로 언어를 습득하지 못한 아이들은 잠들기 전 혼자 있는 시간에 자신을 상대로 그날 자신이 경험한 일이나 내일 할 일 등에 대해 이야기를 한다. 아직 타인과 체계화된 언어로 의사소통할 수 없는 아이가 스스로 이야기를 통해 자신의 세계를 만들어 나간다니 놀라운 일이다. 아마 타인과의 소통 이전에 본능으로 깨친 것일 테다. 유아의 혼잣말은 자기 자신에게 이야기를 하는 것이며, 외부로 발화하더라도 타인을 대상으로 하는 것은 아니라고 정의한다. 유아 스스로 사고와 행동을 조절하기 위해 자기 지시적인 말을 하는 것이며 그 방식은 서사의 형태를 가진다. 어른이 되어서 나도 모르게 나오는 혼잣말도 크게 다르지 않다.

인간의 삶은 아이로 시작해서 다시 아이로 돌아가는 것일까. 이제는 팔순을 넘긴 아버지도, 칠순을 지나신 어머니도 유난히 혼잣말이 늘었다. 함께 시간을 보낼 친구도 줄고 문턱이 닳게 드나들던 손주들도 머리가 커 가며 뜸해진 탓일 것이다. 그럼에도 난 석순이가 무지개다리를 건너는 순간 나지막이 속삭이던 어머니의 혼잣말을 십 년을 훌쩍 넘긴 지금까지도 잊지 못한다.

그날 이후 부모님과 가족 여행을 매년 실천하고 있다. 십 년이 넘도록 한 해도 거르지 않았다. 가난한 살림에 맞벌이하는 부모님에게 휴가란 사치였고, 그 전까지 바캉스라 불리던 가족 여행을 떠난 기억은 없었다. 막상 여행을 떠나서 만나는 새로운 세상과 추억들 때문일까. 처음엔 거절하던 부모님도, 일일이 일정을 챙기는 게 다소 버겁던 나도 어느새 가족 여행을 기다리게 되었다. 어머니가 이별의 슬픔 속에서 던진 한마디 혼잣말이 가져온 놀라운 변화다.

***

2016 리우 올림픽의 펜싱 영웅 박상영 선수는 위기의 순간 "할 수 있다."는 말을 되뇌었다. 상대 선수에게 4점을 뒤진 상황에서 단 1점만 내주면 경기가 끝나는 절체절명의 순간이었다. 사실 '할 수 있다'라는 혼잣말은 스스로의 두려움에 맞서는 동시에 일종의 지시와 명령이기도 했을 것이다. 스스로의 현재 감정과 기분을 해석하고 이를 통한 강화와 지시까지 이어지는 자신과의 대화인 셈이다. 뇌 과학자들 역시 이는 정신적 판단과 상황 통제로 이어져 종국에는 정서 조절의 수단이 된다고 한다.

3장. 말은 언제나 사람을 향한다

혼자 있는 시간에도 생각에 그치지 말고 적극적으로 자신과의 대화에 나서라. 정신줄 놓은 것 아니냐는 타인의 시선이나 창피함 따위는 잊어라. 올림픽 무대가 아니라도 이미 당신들의 삶은 무대 위에 올려졌기 때문이다. 그리고 그 러닝 타임이 얼마나 될지, 언제 대단원의 막을 내릴지 알 수 없다. 스스로에게 속삭여라. 슬픈 혼잣말이 아닌 위로와 용기 그리고 희망을 줄 그런 말. 그 말이 무엇이든 당신은 그 혼잣말을 닮아갈 것이다.

어느 순간부터 나는 혼잣말이 늘었다. 방을 비운 사이에 지갑에 꼬깃꼬깃 접혀 넣어진 만 원 지폐를 보고, 휴일 아침 늦잠 자는 아들의 등을 쓸고 가는 어머니의 손길을 느끼며, 출근 길 사이드 미러로 비치는 손 흔드는 아버지의 모습을 향해서 말이다.

어머니, 사랑해요.
아버지, 사랑해요.

모호함으로
일그러진
대화

때로는 차라리
말없는 소통이
더 정확하다

        1990년 1월 25일 콜롬비아에서 뉴욕으로 향하던 여객기 한 대가 미국 롱 아일랜드의 시골 마을에 추락했다. 이 사고로 승무원 포함 73명이 목숨을 잃었다. 원인은 기체 결함도 조종사의 운항 실수도 아닌, 연료가 떨어져서였다. 원래 아비앙카 52편은 별 문제 없이 뉴욕 상공에 도달했다. 그러나 당시 존 F. 케네디 국제공항은 기상악화와 이로 인한 공항 혼잡으로 활주로 진입이 지연되고 있었다. 판단 타이밍을 놓친 탓에 근처 다른 공항으로 회항할 수도 없는 상황이었다. 게

다가 관제탑에서 상황의 위중함을 파악하지 못하고 다른 관제사에게 관제를 넘기며 사태는 더 심각해진다. 결국 마지막 착륙 시도마저 불운하게 윈드시어(wind shear, 바람의 방향이나 세기가 갑자기 바뀌는 현상)로 인해 실패하는 바람에 여객기는 상공에서 연료가 바닥나 롱 아일랜드 북구 한 마을에 추락하고 말았다.

전 세계 항공 역사에 어이없는 참사로 기록된 이 사고는 불명확한 의미의 단어 하나에서 비롯했다. 위급한 상황에서 조종사가 관제탑에 착륙을 요청하며 사용한 단어는 'priority'인데, 관제사는 이를 우리가 아는 의미인 '우선'으로 받아들였다. 연료가 떨어져 비행기가 추락할지도 모르는 긴박한 상황에서 왜 조종사는 더 적극적인 비상 착륙 요구를 하지 않았을까? 의문의 답은 모호한 언어에 있었다.

'priority'는 영어와 스페인어에서 분명한 의미의 차이를 지니고 있는데, 스페인어로는 '비상'이라는 어감이 있다. 콜롬비아는 스페인어를 쓴다. 조종사는 다급한 순간에 모국어의 '비상 상황'이라는 의미로 'priority'를 외쳤지만, 미국 관제사는 '우선'이라는 다소 덜 위중한 의미로 받아들인 것이다. 결국 미국교통안전위원회는 사고 원인을 조종사 과실로 결론 내렸다. 더 적극적이고 명확하게 위급한 상황임을 밝히지 않았다는 판단이었다.

언어는 사회적 약속이다. 말이 상대에게 정확하게 전달되어 목표에 이르기 위해서는 공통된 약속이 필요하고, 절대 이를 어겨서는 안 된다. 앞선 일화처럼 때로는 사회적 약속을 넘어 수많은 사람의 생명을 구할 '신호'가 되기도 하기 때문이다. 만약 조종사가 아래와 같이 명확히 상황을 설명했다면 73명의 무고한 희생을 막을 수 있지 않았을까?

"관제소! 연료가 없다. 지금 바로 착륙하지 않으면 추락한다."

***

인류는 수렵을 하기 위해 시력이 발달했고, 야생 동물들로부터 위협을 피하기 위해 등 뒤를 경계하는 본능이 남아 있다. 당시의 사람들은 사냥과 채집에만 엄청난 체력을 소모했다. 그 많은 에너지를 보충할 수 있었던 음식 중 하나는 우리의 예상을 보기 좋게 빗나가는데, 바로 '맥주'다. '마시는 빵'이라고 불릴 만큼 주된 에너지원으로 쓰인 맥주는 우리 농촌에서 새참 때 즐기던 막걸리처럼 노동주로도 활용되었다. 이는 다수의 벽화에도 그대로 드러난다. 맥주를 빚거나 마시는 장면을 자주 볼 수 있고, 신에게 제사를 지낼 때 사용하는가 하면 부족 간의 동맹과 평화를 상징하기도 했다.

3장. 말은 언제나 사람을 향한다

고대 벽화에는 맥주와 더불어 믿기 힘든 문물이 등장하는데, 다름 아닌 '빨대'다. 큰 단지를 사이에 두고 두 사람이 마주 앉아 빨대를 꽂고 무언가를 마시고 있는 벽화가 발견되었는데, 이 역시 맥주다. 이 벽화의 의미는 명확하고 선명하다. 동굴 입구에서 발견된 이 그림은 서로가 싸우지 않아도 되는 관계임을 보여준다. 주된 식량이자 제물이며 사후 세계까지 가지고 가는 권력의 상징인 맥주를 하나의 그릇에 담아 두 사람이 동시에 빨대로 마시는 것만큼 의심할 여지가 없는 '신뢰'의 상징이 또 있을까.

> "트럼프 대통령과 김정은 위원장이 각자 먹을 음식이 담긴 접시를 받지 않고, 식탁에 한 접시의 음식을 놓고 나눠서 먹었더라면 협상 결과는 달라졌을 것이다."

영국 〈이코노미스트〉는 2019년 미국과 북한의 정상회담에서 협상이 결렬된 이유를 이렇게 분석했다. 일찍이 고대인들이 벽화를 통해 보여준 협상의 기술을 그들은 몰랐다. 같은 단지에 든 맥주를 서로 마주 보며 빨대로 마시는 그림은 너무나 명확해 다른 해석이 개입할 여지가 없다. 서로를 믿는다는 절대 명제를 상징하고, 그래서 그 둘 혹은 그 두 부족은 평화를 맺은 관계임을 보여주는 것이다. 빼곡하게 적힌 협상 서류나 서로 다른 언어를 삼자의 통역으로 듣는 것보다 고대 벽화 한 장면이 협상의 성공에 더 가깝다.

언어는 오히려 그림보다 명확성이 떨어지는 부분이 있다. 이는 '건배사'의 이면을 보면 명확해진다. 건배는 서양 사람들이 술을 마시면서 서로가 상대의 술잔에 담긴 술을 가볍게 한 모금 마시는 습성에서 유래했다. 대항해의 시대, 교역을 위한 장시간 항해에 나설 때 사람들은 물 대신 상하지 않는 위스키를 싣고 다녔다. 대륙 간의 교역이 빈번해지고 낯선 사람들과 어울리다 보니 경계와 불신이 생겨난 것도 당연하다. 그래서 자신의 잔과 낯선 상대의 잔이 독 없는 안전한 술이라는 걸 증명하기 위해 건배가 일종의 통과 의례가 되었다. 잔을 부딪칠 때 서로의 잔에 담긴 술이 튀어 섞여 들어가고, 이를 통해 독이 없는 술이라는 것을 확인하고 증명했다는 것이다. 회식 자리에서 잔이 깨어져라 부딪치는 이유도 여기에서 유래한 것은 아닐까.

언어는 개인의 사고와 기억에 기인하고 그 기억은 천차만별이며 더군다나 표현 방식은 지극히 주관적이다. 아주 현실적인 예를 들어 보자. 이성 간의 만남의 방법 중 흔히 말하는 소개팅은 성공 확률이 현저히 떨어진다. 이는 개인이 지닌 정보 차이와 이로 인한 첫 이미지 장벽 탓으로 설명할 수 있다.

혼자인 내가 측은했는지 어느 날 후배 C가 말했다.

"선배, 소개팅 하실래요?"

"응? 어떤 분인데?"

"키는 큰 편이고 조금 통통해요. 성격도 털털하니 너무 좋아요."

어떤 여성인지 감이 오는가? 당신의 머릿속에 한 번 떠올려 보라. '키가 큰 편'은 실제 어느 정도의 키일까? 주선자에게 통통함의 기준은 어느 정도인가? 외모는 차라리 가늠할 수 있을지 모른다. 그러나 '털털한 성격'이나 '좋은 성격'은 얼마나 주관적인 표현인가. 좋아하는 여성상이 명확한 나는 급기야 이렇게 묻는다.

"닮은 연예인은 누구야?"

"음… 배우 OOO이요!"

오케이를 외치고 소개팅 자리에 나갔고, 항상 그렇듯 만나기로 한 장소의 구석구석을 살폈지만, 후배가 닮았다고 말한 그 배우를 닮은 여성은 어디에도 없었다.

소개팅이 성공하기 힘든 이유는 정보의 차이가 해석의 차이를 낳고, 다시 표현의 과정에서 이미지의 벽이 쌓이기 때문이다. 이미지는 가변적이기 때문에 오래 알고 지낸 주선자가 가진 이미지와 처음 소개받는 사람이 받아들이는 이미지는 같을 수가 없다. 심지어 주어지는 정보 역시 주선자의 주관적 표현뿐이다. 말하는 이의 머릿속에 있는 대상과 듣는 이가 상상한 인물은 같은 사람이지만 같지 않다. 마치 포토샵이나 휴대폰 사진 앱으로 미화된 피사체 같다. 잘못 형성된 이미지는 만남이 본격적으로 시작되기 이전에 부정적 요인으로 작용한다.

그럼 어떻게 해야 할까? 외적이든 신상에 관련해서든 차라리 정보를 전혀 주지 않는 것이 답이다. 직접 만나 처음부터 서로의 정보와 이미지를 형성해 가는 것이 낫다. 전화번호와 관련한 재미있는 일화가 있다. 스마트폰 사용을 극구 외면하던 나는 2G폰을 서비스 종료 시기까지 꼭 채워 사용했다. 그보다 훨씬 전 소개로 만난 어떤 여성이 내게 이런 말을 한 적이 있다.

"011로 시작하는 번호를 아직도 쓰시기에 굉장한 아재인 줄 알았는데, 실제는 그렇지 않으시네요?"

숫자 하나에도 이렇게 특정한 이미지가 덮어씌워지기 마련인데, 졸업한 학교나 다니는 회사, 사는 곳 등의 정보가 상대의 이미지를 형성하는 데 얼마나 다양하게 영향을 미칠지는 자명하다. 외모에 대한 정보를 꼭 원한다면 보정 없는 전신사진 한 장이 답일지도 모른다. 시각 정보의 측면에선 직접 보는 게 가장 명확하다. 그러나 그 역시 100퍼센트 왜곡이 없다고 할 수 없다. 인터넷 사이트에서 보정 없는 사진이라는 옷이나 신발을 직접 보고 주문하지만, 실제로 받고 실망해 바로 반품한 경험이 있지 않은가?

무엇을 설명하려 들지 말라. 있는 그대로 생생하게 묘사하고 전달할 수 없다면, 있는 그대로 그냥 보여 줘라. 때로는 말없이 이루어지는 소통이 더 정확하다.

어른들을 위한
우화

당신의 말에
귀 기울이게 하려면
오히려
거리를 두라

"May I have your attention, please(안내 말씀드리겠습니다)."

백화점 등의 공공시설에서 자주 흘러나오는 안내말이다. 학창 시절 영어 시간에 반장이 일어나 'attention'을 외치면 잡담하던 친구들이나 책상에 엎드려 흥건히 침 흘리며 자던 친구, 심지어 도시락을 까먹던 친구들도 허겁지겁 자리를 정돈하고 자세를 바로 했다. attention에는 '주의, 집중'이라는 뜻이 있어 여러 사람의 집중을 요구할 때 주로 사용된다.

'주목'이라는 단어에는 명확히 공유된 약속이 존재한다. 그러나 내가 마주하는 대화와 설득의 대상이 항상 이 약속을 공유하는 존재인 것은 아니다. 학창 시절 선생님처럼 절대 권력이 발휘되는 상황은 많지 않으니 말이다. 그래서 우리는 '주목'을 외치는 것처럼 첫머리 말, 즉 오프너opener를 통해 상대의 주의를 환기시킬 필요가 있다. 단 여기에는 세 가지 조건이 붙는다.

첫째, 상대에게도 흥미롭고 의미 있는 것이어야 한다.
둘째, 중요하거나 이익을 줄 수 있는 것이어야 한다.
셋째, 주의 집중 시간 '5분'을 기억해야 한다.

우리는 무슨 이야기를 듣고도 바로 그에 대한 뚜렷한 이미지를 그려내지 못할 때가 더러 있는데, 그것은 하나 또는 그 이상의 정신적 장벽이 작용했기 때문이다. 이를테면 은연중에 다른 사람이 하는 말보다 자신이 하는 일이나 생각이 더 중요하다고 여기는 상황이 있을 수 있다. 이때는 예의상 상대의 말에 주의를 기울이는 척해도 실제로는 그 소리가 귀에 들어오지 않을 것이다. 그 이야기가 우선순위가 아니다 보니 마음속에서 나도 모르게 이야기를 밀어내게 되기 때문이다.

이처럼 언어가 소통의 장벽에 가로막히는 이유는 그 메시지가 상대의 주의를 사로잡는 방식으로 전달되지 않기 때문이다. 상대가 중요하다고 생각하지 않거나, 흥미가 없거나, 흐트러진 주의를 집중시키지 못하고 있다는 뜻이다. 그래서 상대방으로 하여금 당신의 언어를 가장 우선시하도록 순위를 재배열하게 만드는 기술이 필요하다. 그러기 위해서는 지금 하는 말이 흥미롭다고 느끼게 하거나, 청자에게 중요하고 이익이 되는 이야기라는 점을 주지시켜야 한다. 아니면 집중해 달라고 상대에게 소리치기라도 하자. 이렇게 말이다.

"Attention, Please!"

***

상대의 주의를 모으는 것은 오프너의 역할이다. 이를 통해 상대의 이목을 끌었다면 그 다음에는 효과적으로 메시지를 전달하는 데 집중해야 한다. 이때 중요한 것은 되도록 화자가 메시지를 시각화한 이미지 그대로 상대에게 전달해야 한다는 것이다. 스피치의 핵심은 바로 '공감'에 있다. 공감을 높이기 위해서는 '이미지의 장벽'을 낮추는 방향의 스피치가 필요하다. 그렇다면 '이미지의 장벽'을 낮추는 가장 좋은 방법은 무엇일까? 그것은 바로 스토리텔링과 더불어 '묘사'와 '비유' 같은 시각 언어를 적절히 사용하는 것이다. 대중들에게 여전히 회자되고 있는 영화제의 수상소감 두 가지를 살펴보자.

"감사합니다. 저한테도 이런 좋은 상이 오는군요. 우선 매번 마음속으로 감사드리고, 밖으로 표현 못 했는데 하나님께 제일 먼저 감사드립니다. 솔직히 저는 사람들한테 그래요. 일개 배우 나부랭이라고. 왜냐하면 육십여 명 정도 되는 스태프들과 배우들이 이렇게 멋진 밥상을 차려놔요. 그럼 저는 그냥 맛있게 먹기만 하면 되는 거거든요. 근데 스포트라이트는 제가 다 받아요. 그게 너무 죄송스러워요. 제가 한 거는 이 여자(트로피)에서 아마 여기 발가락 한 몇 개만 떼어가면 그게 제 거 같아요."

– 제26회 청룡영화상 남우주연상 황정민

"어렸을 때 제가 항상 가슴에 새겼던 말이 있었는데, 영화 공부할 때 '가장 개인적인 것이 가장 창의적인 것이다.' 그 말을 하셨던 분이 누구셨냐면, 그 말은 우리의 위대한 마틴 스콜세지가 했던 말입니다. 제가 학교에서 마틴의 영화를 보면서 공부했던 그런 사람인데, 같이 후보에 오른 것만으로도 너무 영광인데, 상을 받을 줄 전혀 몰랐었고요. 저의 영화를 아직 미국의 관객들이나 사람들이 모를 때 항상 제 영화를 리스트에 뽑고 좋아했던 쿠엔틴 타란티노 형님이 계신데, 정말 사랑합니다. 그리고 같이 후보에 오른 토드 필립스, 샘 멘데스 감독이나 제가 너무나 존경하는 멋진 감독들인데, 이 트로피를 오스카가 허락한다면 텍사스 전기톱으로 다섯 개로 잘라서 나누고 싶은 마음입니다. 고맙습니다. 내일 아침까지 술 마실 거예요."

– 제92회 아카데미시상식 감독상 봉준호

배우 황정민의 수상소감은 5분 정도로 길다면 긴 멘트였지만, 그게 지루하지 않았던 이유는 흔히들 하듯 감사한 사람의 이름을 나열하는 데 그치지 않았기 때문이다. 영화 한 편을 만들기 위해 힘쓴 여러 배우들과 스태프들 가운데 혼자 상을 받은 것을 미안해하며 영광을 나누는 진정성을 보여 줬다. 그의 진심은 밥상을 차린 사람과 그것을 떠먹는 사람으로 시각화되어 어떠한 장벽도 없이 온전히 시청자들에게 전해졌다. 또한 트로피 전체에서 잘라낸 발가락 몇 개만이 자신이 가져갈 영광이라는 시각적 표현을 통해, 시청자들에게 겸손한 이미지와 함께 일한 배우와 스태프들에 대한 고마운 마음도 표현되었다.

봉준호 감독의 수상소감 역시 그의 아카데미상 수상 못지않게 인상 깊었다. 이는 간결하지만 훌륭한 스피치가 어떻게 청자에게 이익을 가져다주는지도 명확하게 보여준다. 동시에 시각 언어의 기법이 그 효과를 극대화한다는 점 역시도 명확히 입증했다. 그의 수상소감은 엄청난 박수를 받았을 뿐 아니라 자신의 우상 마틴 스콜세지를 비롯해 가족들의 마음마저 사로잡았다. 그의 딸이자 영화 감독 프란체스카는 SNS에 이렇게 말했다.

> "아버지와 함께 시상식 후 파티를 즐겼고, 무엇보다 아버지를 향한 엄청나고 감동적인 기립박수를 아버지 바로 옆에서 지켜봤다. 아버지가 오스카를 받는 것보다 더 기쁜 순간이었다는 데에 모두가 동의할 것이다."

자신의 영광을 다른 후보와 나누는 봉준호 감독의 말이 "이 영광을 모든 후보와 나누고 싶습니다."라는 식상한 표현이었다면 그의 진심을 온전히 와닿지 않았을 것이다. '텍사스 전기톱'이라는 미국식 공포 코드와 이미지 사용에 더해서 '트로피를 잘라 나눈다'는 시각적 묘사가 더 극적으로 진정성을 전달한 셈이다.

삶에 대한 수많은 조언이 우리의 귀를 그저 스치고 지나간다. "너 어떻게 하려고 맨날 휴대폰만 가지고 노니?" 혹은 "그렇게 여행만 다니면 네가 하는 일의 커리어는 언제 쌓아?", "하루가 멀

다 하고 친구들하고 술만 마시면, 우리 가정은 누가 챙겨?", "부모
는 자식을 기다려주지 않는다. 살아 계실 때 도리를 다하라!" 등
의 말들은 분명 의미를 지니고 있지만 가슴에 쉽사리 와 닿지 않
는다. 행동이라는 실천적 변화로 이어지지 않는 설득은 실패다.

　이는 메시지의 전달 방식에 그 이유가 있다. 팩트fact 중심의
이야기는 직진성이 강하다. 요즘 말 그대로 '팩폭(팩트 폭력)'이라
고나 할까. 상대와 관련된 부정적 의견이나 지적은 어떤 식으로
돌려 말하든 듣는 이에게 매우 공격적으로 전달될 가능성이 높
다. 이는 책망이나 훈계로 인식되고, 같은 말이 반복될수록 점점
더 잔소리 이상의 의미를 갖지 못하며 소통의 벽만 쌓이게 된다.
특히 스스로 가진 신념에 반하는 이야기는 그것이 아무리 사실
에 기반한다 해도 오히려 기존 입장을 더 강화시키는 역화 효과
backfire effect를 촉발하기 십상이다. 일종의 반발 심리라고 할 수
있다. 배우 이영애가 〈친절한 금자씨〉를 통해 일찍이 말하지 않
았는가.

　"너나 잘하세요."

***

〈X라는 아이에 대한 임상학적 보고서〉라는 창작 뮤지컬에 박사 역할로 출연한 적이 있다. 당시 공개 오디션으로 선발한 배우들의 직업은 다양했다. 대학생부터 성악가, 연극배우, 연예인 지망생 등 천차만별이었다. 나이도, 하는 일도, 고향도 각기 다른 사람들이 노래를 사랑한다는 이유만으로 한자리에 모여 한 편의 뮤지컬을 완성하는 과정은 쉽지 않았다. 워낙 다른 성향의 사람들이 모이다 보니 수많은 갈등이 빚어지기도 했다. 그중 유독 나와 각을 세우던 전문 배우 P가 있었는데, 하루는 어김없이 서로에 대한 감정 때문에 무거운 마음으로 연습을 마치고 걸어 나오고 있었다. 밤늦은 시간, 문득 하늘을 봤는데 보름이었다. 그때 나도 모르게 말이 새어 나왔다.

"화무(花無)는 십일홍(十日紅)이고, 달도 차면 기운다는데…."

하필 옆에 있던 P가 그 말을 듣고는 나를 물끄러미 쳐다봤다. 그리고 이내 호탕하게 웃는 것이 아닌가. 우리끼리 투닥거려 봤자 똑같은 사람이라는 것에 공감한 건지 다음 날부터 연습 시간의 갈등은 눈에 띄게 줄어들었다. 더불어 우리는 성공적으로 공연을 치를 수 있었다.

메시지를 전달할 때의 적당한 거리감은 청자가 생각할 틈을 만들어준다. 그리고 우화는 이러한 틈을 감동이나 교훈, 더 나아가 카타르시스katharsis로 채운다. 청자와의 직접적인 연관성에서 일정 거리를 두는 것이 오히려 자신에게 필요한 이야기임을 느끼게 하는 역설로 작용하는 것이다. "모두가 겪는 일이니, 너도 받아들여!"보다는 "우리 모두가 알아야 할 중요한 이야기야."라는 완곡한 표현이 더 효과적인 설득의 언어가 된다.

3장. 말은 언제나 사람을 향한다

실수도
따뜻한 시선으로
바라보자

호감 있는
이미지를
원한다면,
먼저 사랑하라

사회자: 영화 촬영 중 가장 기억에 남는 장면은 무엇인가요?

배우: 딱히 없어요.

사회자: 달리 말하면 모든 장면이 기억에 남았다는 뜻이네요!

배우: …….

사회자: 촬영 당시 과자를 직접 구워 출연진들에게 나눠 주셨다는데, 어떤 마음이었나요?

배우: 음…….

사회자: 어떤 마음으로 만들었는지 알려줄 수 있나요?

배우: 베쯔니!

한 영화 시사회에서 진행자와 주연 배우가 나눈 이 짧은 대화는 일본 전역에 보도되었고, 사람들은 이 일화를 일명 '베쯔니 사건'이라고 부르게 됐다. 베쯔니別に란 일본어로 '별로'라는 뜻이다. 주인공은 당시 뛰어난 외모에 실력까지 겸비하며 아시아 전역에서 사랑받던 배우였다. 그러나 시사회에서의 몇 마디 대화로 그간 쌓아왔던 모든 긍정적 이미지는 바닥으로 추락했다. 법적으로 문제가 될 잘못을 한 것이 아님에도, '사건事件'이란 단어가 붙을 만큼 인터뷰의 여파는 어마어마했다. 국민 여동생에서 국민 비호감으로 추락하는 순간이었다.

일명 '베쯔니 사건'은 이미지의 가변성을 극명하게 보여준다. 이미지의 정서적 요소인 '호감liking은 진정성을 빼곤 설명할 수 없다. 팬들에게 전혀 마음을 쓰지 않는 것처럼 행동한 사와지리의 일화는 진정성이 결여된 개인에게는 뛰어난 외모와 능력도 무용지물이라는 것을 보여준다.

"그 친구는 참 이미지가 좋아."
"너 그러면 이미지 안 좋아져."

이미지는 '죽은 이의 얼굴에 대고 뜬 밀랍 틀'을 의미했던 라틴어 '이마고imago'에서 파생된 단어다. 이미지 형성의 두 가지 요소 중 하나는 사람의 마음이고, 다른 하나는 그 마음에 자국이나 인상을 남기는 대상이다. 그리고 이 마음의 자국과 대상 사이에는 유사성이 존재한다. 이미지란 대상으로부터 꾸준히 감지된 모든 정보가 인간의 마음속에서 정보 처리 과정을 거쳐 재구성된 하나의 상象이라고 할 수 있다. 그리고 일단 구성된 후에는 감각 대상이 사라져도 마음속에 남는다. 반면 지각된 대상이 지속적으로 노출될수록 이미지는 오히려 변해 간다.

***

심리학자들은 우리가 어떤 사람을 평가할 때, 그 사람의 지적인 능력이나 활동보다 첫인상의 이미지, 즉 성격이나 성질 등의 심리적인 기준이 더 많은 영향을 미친다고 말한다. 그러나 기존에 형성된 화자의 이미지는 커뮤니케이션 과정에서 상대에게 노출하는 언어에 따라 충분히 새로운 이미지로 바꾸어 갈 수 있다.

인상 관리의 측면에서 보면 인간의 삶은 한 편의 의도된 연극이며, 모든 행동은 일종의 공연과 같다. 개인은 마치 연극의 배우처럼 무대 위에서 자신의 의도를 적절히 표현하고, 자신에게 불리한 정보들은 공연 중에 노출되지 않도록 노력한다. 스스로 드러내는 정보에 따라 인상과 이미지가 형성되고 이는 곧 개인을 평가하는 기준이 된다. 사람들은 감각을 통해서 얻은 정보의 종합적인 평가를 통해 대상을 지각하고 하나의 이미지로 체계화하여 기억한다.

이미지의 정서적 요소인 '호감好感'은 대상에 대해 좋고 싫음을 느끼는 감정적 부분으로, 우리는 이를 통해 상대의 가치를 평가하기도 한다. 우리는 좋아하는 사람의 행동은 가능한 긍정적인 특성을 들어 설명하고, 싫어하는 사람의 행동은 부정적인 특성으로 설명한다. 또 같은 행동을 평가할 때도 좋아하는 사람의 행동을 싫어하는 사람의 행동보다 더 긍정적으로 평가하지 않는가. 호감도는 상대의 말과 행동의 원인을 평가하는 데 중요한 영향을 미친다. 그리고 호감이란 당신이 가진 총체적 언어의 이미지로 결정된다.

제45회 한국방송대상에서 앵커상이라는 분에 넘치는 상을 받던 날이었다. 소감은 짧게 해 달라는 부탁을 받기도 했지만, 쟁쟁한 방송인들과 수상 차례를 기다리다 보니 무척이나 긴장됐다. 첫 수상자로 호기롭게 성큼성큼 무대에 올라 준비한 소감을 말하기 시작한 순간, 관객석에 앉아계신 부모님이 눈에 들어오자 무심했던 마음이 뭉클해졌다. 감정이 실리며 준비한 소감보다 길어지자, 여지없이 빨리 수상소감을 마무리하라는 격렬한 수신호가 날 재촉했다. 덕분에 잔뜩 힘을 주어 준비했던 수상소감 말미를 제대로 망치고 말았다. 그렇게 수상자석에 정신없이 다시 돌아왔을 때 다음 수상을 기다리던 모 방송인이 내게 말했다.

"멋져요! 더듬은 부분이 제일 좋았어요."

완벽한 사람보다 약간 빈틈이 보이는 사람이 인간적이다. 인간적이라 함은 호감의 한 측면일 수 있으며 때로는 실수나 허점이 오히려 매력을 더 증진시키는 경우도 흔히 볼 수 있다. 이를 심리학에서는 '실수 효과pratfall Effect'라 부른다. 허점을 보이고 실수를 한 사람에게 오히려 호감을 느끼는 이유는 무엇일까?

"아, 피 한 방울 나오지 않을 것 같이 완벽해 보였는데, 그 역시 사람이구나."

실수는 상대로 하여금 우월감을 느끼게 한다. 또한 결점을 드러낸 사람은 진솔하고 인간미 있게 느껴진다. 일종의 편안함이라 볼 수도 있다. 편안함은 신뢰의 바탕이다. 결국 허점을 드러낸 사람에게는 경계를 풀고 자신의 이야기를 털어놓게 된다.

우리에게 실수 효과를 극명하게 보여준 익숙한 인물이 있다. 바로 손석희 앵커다. 그는 '물가 불안이 서민 경제를 위협한다'라는 주제로 라디오 생방송을 진행하던 중 애그플레이션의 의미를 설명하며 이렇게 말했다.

"계란의 '에그egg'를 이야기하는 것이겠죠."

무엇이 잘못되었는지 알겠는가? 애그플레이션은 농산물 가격 급등으로 일반 물가가 상승하는 현상을 뜻한다. 농업의 애그리컬처agriculture와 물가 상승을 의미하는 인플레이션inflation의 합성어인 셈이다. 그러니 '애그'는 계란의 '에그egg'가 아닌 농업의 '애그ag'가 맞다. 시사 앵커의 대명사인 손석희 교수가 이런 실수를 했다는 것은 큰 화제가 되었다. 그러나 청취자들의 반응은 예상 밖이었다. 악성 댓글이나 비판보다는 '인간적이다', '신선하다' 등의 긍정적인 반응이 주를 이뤘다. 실수는 어느 누구나 하며 심지어 사람만 실수하는 것도 아니다.

"사람들이 로봇과 더 잘 협동하게 하기 위해서는 로봇을 완벽하지 않게 만들어라." 〈월스트리트 저널〉에 올라온 한 기사의 제목이다. 오스트리아 연구자들은 완벽하게 작동하는 로봇과 물건을 잘 떨어뜨리거나 같은 질문을 반복하도록 프로그래밍된 일명 '실수 로봇' 중 사람들과 잘 지낼 로봇은 어떤 것인지 알아보기 위한 실험을 진행했다. 사람들의 선택은 실수 로봇이었다. 실험에 참가한 사람들은 로봇이 실수를 했을 때 긍정적인 반응을 보였고 심지어 믿음까지 느꼈다고 답했다. 실험을 진행한 연구진은 "완벽한 로봇이 오히려 사람들 스스로의 단점을 떠올리게 만들었고, 실수 로봇의 부족한 면에서는 동질감을 느끼기 때문"이라고 해석했다. 이미지의 가변성은 사물과 사람을 가리지 않는다. 실수 효과 역시 대상이 사람인지 로봇인지는 중요하지 않았다.

***

실수는 예상치 못한 순간 찾아온다. 의도된 실수란 있을 수 없다. 아나운서 후배인 C와 함께 시사종합뉴스를 진행하던 때였다. 그날은 초대 손님으로 배우 O가 준비를 하고 있었다. 코너가 시작하려 할 때, 돌연 C가 눈물을 흘리기 시작했다. 뭐라 수습할 시간도 없이 O가 출연자 자리에 앉아 마이크를 착용하며 당황해 물었다.

"아⋯⋯. 무슨 일 있으세요?"

주객이 전도된 상황, 다급하게 내가 수습할 수밖에 없었다.

"후배가 어제 경미한 교통사고가 있었는데요. 오늘 몸 상태가
온전치 않은 모양이에요. 죄송합니다."

내 기분 탓인지 모르지만, 그날 O는 평소보다 더 진솔하게
다양한 이야기들을 들려주었다. 후배가 눈물을 흘린 것은 아무
도 예상하지 못한 돌발상황이었지만 결과적으로 딱딱한 뉴스 시
간이 진정성 있는 대화로 이어지는 반전을 만들었다.

작은 실수가 가져오는 이미지 상승 효과는 자신의 분야에서
전문성과 실력을 인정받은 사람들에게 주어지는 보너스 같은 것
이다. 방송사마다 넘쳐나는 오디션 프로그램을 생각해보면 이를
쉽게 이해할 수 있다. 이전 경연에서 탁월한 재능과 실력을 보였
던 지원자가 박자를 놓치거나 가사를 까먹었을 때 평가자는 이를
호감을 가지고 옹호한다. 그러나 중하위권의 참가자가 이런 실수
를 하면 매정할 정도의 질타가 날아든다. 스스로 약점을 드러내
는 자기 노출의 전략은 상대방이 화자의 능력치를 명확히 인지하
고 있을 때 효과적이다. 상대에게 주는 호감은 전문성과 진정성
에서 비롯한다.

'dislike'와 'hate'라는 단어는 단지 싫어하는 정도의 차이만

을 의미하지 않는다. 이는 마치 비판과 비난의 차이와 같다. 상대를 싫어할 수는 있다. 그러나 상대를 미워하면 그를 제대로 파악할 수 없다. 이미지가 가변성을 가지고 있다고는 하지만, 한 번 부정적으로 크게 기울어진 이미지는 거대한 돌덩이가 한쪽에 자리한 시소처럼 다시 되돌려 균형을 맞추기 쉽지 않다. 그러니 상대를 향한 당신의 마음과 태도는 이와 반대로 열려 있어야 한다. 오히려 당신을 위해서 말이다. 무조건적인 호감으로 상대를 바라보라. 당신의 태도는 곧 상대가 당신을 대하는 태도로 돌아온다.

사랑에 빠진 순간 정보 추구자의 태도는 진실하면서도 무조건적이다. 설령 사랑하는 이의 잘못과 단점을 목격하더라도 충분히 모른 척할 수 있으며 무관심과 변덕, 그리고 심지어 당신을 배신하는 행동을 보이더라도 당신의 사랑에는 흔들림이 없다.

자기 자신에게 엄격하되 타인에게는 관대를 넘어 사랑을 보여줘라. 그것이 당신을 호감 가는 사람으로 만들어 줄 것이다.

마음을
담은 언어로
닮아가다

동질감을
무기로
내 편을
만드는 법

　　　　　　　　　한국 사회는 조직과 위계의
사회인데다 가부장적 요소와 장유유서長幼有序 같은 유교적 가르
침이 여전히 사람을 평가하는 중요한 잣대다. 칭찬은 간혹 아부
의 다른 이름으로 받아들여진다. 특히 수평적 관계에서조차 칭
찬이 쉽게 나오지 않는 것은 서로를 바라보는 시각이 꼬여 있어
서일 수도 있지만, 많은 사람들이 다른 사람을 칭찬하는 것 자체
에 익숙하지 않아서일 것이다.

　　　　　　　3장. 말은 언제나 사람을 향한다

"너 오늘 정말 멋있다!"

"이번에 작성한 기획안 대단하더라."

"대단해, 나라면 너처럼 못했을 거야."

칭찬하는 데 인색하다 보니 칭찬을 받는 것 또한 자연스럽지 않다. 분명 칭찬을 건넸는데도 상대의 반응이 온전히 곱지 않은 경우도 많이 본다.

"갑자기 왜 그래, 나한테 뭐 부탁할 거 있어?"

"나한테 뭐 잘못한 거 있니?"

심지어 "쓸데없는 소리 하긴!" 같은 핀잔이 돌아올 때도 있다. 그럼에도 칭찬의 효과는 여전히 우리 주변에서 아주 흔하게 입증되고 있다. 칭찬의 내용은 거창할 필요도 없다. 작은 변화를 발견했을 때, 성격의 장점을 느꼈을 때, 그의 업무에 관한 능력에 감탄했을 때도 작은 칭찬을 건네 볼 수 있을 것이다. 드라마에도 자주 나오지 않는가? 백화점을 찾은 중년의 사모님들을 기분 좋게 만드는 점원의 말은 클리셰cliche처럼 진부하지만 효과는 만점이다.

"어쩜 그리 뭐든지 잘 어울리세요."

"고객님을 위해 나온 제품 같네요."

빈말인 게 분명한 칭찬이라 한들 고객은 입꼬리를 올리고 지갑에서 카드를 꺼내든다. 실제로 미용실에서 스타일리스트의 "고객님은 미인상이라 어떤 헤어 스타일도 다 잘 어울리겠어요." 라는 칭찬이 손님들의 팁을 증가시킨다는 통계도 있다.

빅토르 위고Victor Marie Hugo가 불우한 환경을 딛고 《레미제라블》을 탄생시킬 수 있었던 것도 어린 시절에 들은 칭찬 한마디에서 시작됐다. 백일장에서 상을 받은 후 선생님이 "너는 글로 세상을 바꿀 수 있을 거야."라는 극찬을 던졌던 것이다. 또 한편, 심한 말더듬으로 불행했던 소년은 "네가 말을 더듬는 이유는 생각의 속도가 너무 빨라 입이 따라주지 못하는 것이니 걱정할 것 없어."라는 어머니의 지혜로운 말 한마디로 세기의 경영인이 되었다. GE의 잭 웰치Jack Welch 회장이다. 구각춘풍(口角春風, 입아귀에서 봄바람이 난다)이라 했던가. 좋은 말재주로 남을 칭찬하여 즐겁게 하면 자다가도 떡이 생기고 세상을 움직일 인재도 만들어 낼 수 있다.

***

칭찬을 받고 싶은 건 사람의 본능이다. 칭찬만 하는 컴퓨터와 비판만 하는 컴퓨터를 접한 두 그룹이 칭찬만 하는 컴퓨터에게는 호감과 신뢰를 보내고 다른 쪽은 시스템 자체를 인정하지 않았다는 연구는 이를 잘 드러낸다. 칭찬은 상대에게 하여금 그런 칭찬에 걸맞은 사람이 되고자 하는 동기를 가지게 한다. 자신이 생각하는 이상적인 인물을 닮고자 하는 노력도 이와 같은 선상에서 이해할 수 있다. 이는 좋은 이미지를 가지기 위해 노력하는 이미지 관리 또는 인상 관리와도 자연스럽게 연결된다. 앞서 이미지의 어원이 라틴어의 이마고라고 언급했다. 그리고 이마고는 라틴어 '이미타리imitari' 즉 '모방하다'라는 말과 연관이 깊다.

칭찬은 호감과 믿음을 만들고, 이는 다시 칭찬의 대상이나 그 내용을 닮으려는 모방심리로 이어진다. 또 이를 통해 만들어진 유사성은 서로에게 동질감을 가지게 한다. 동질감의 원천이 유사성, 즉 '닮음'에 있기 때문이다. 상대가 나와 비슷하다고 느낄 때 사람들은 기본적으로 큰 호감을 느낀다. 심리학에서는 이를 '유사성 효과'라 한다. 그래서 유전적으로 닮은 혈연이나 같은 공간의 이미지와 문화를 공유한 지연과 학연에 대해 사람들이 의심 없는 믿음을 보이기 쉬운 것이다.

부부는 살수록 서로 닮는다고들 한다. 그러나 사실 남녀는 애초에 자신과 닮은 이성에게 호감을 느낀다. 부부가 나이가 들수록 비슷한 모습으로 수렴하는 것은 애초에 서로 닮아 있었기 때문일 가능성이 높다. 삼삼오오 어울리는 친구들 역시 가만히 살펴보면 서로 닮은 경우가 많다. 이에 대한 궁금증을 해결하기 위해 미국 스탠포드 외 두 개 대학의 공동 연구팀은 미국 청소년 오천여 명을 대상으로 유전자를 비교 분석했다. 그 결과 친구 두 명의 유전자는 무작위로 선택한 낯선 사람 두 명의 유전자보다 유사했다고 한다. 또한 이전 연구에서는 부부 사이의 유전적 유사도도 높은 것으로 밝혀졌다. 인간이 자신과 비슷한 사람에게 동질감을 느끼는 것은 과학이다.

***

많은 조직과 단체, 특히 이윤 창출을 목표로 하는 기업들은 어떻게 하면 조직원들 사이에 동질감을 심을 수 있을지에 대해 고민한다. 그저 '한배를 탄 동지'라고 강조하는 것만으로는 각기 다른 구성원을 하나로 묶어내기에 버겁다. 팀의 결속력을 강화시키는 방법은 유사성을 찾거나 심는 것이다. 비슷한 외모, 관심사, 우연히 발견한 취향이 있다면 좋겠지만 조직원 모두를 여기

끼워 넣기가 어디 쉽겠는가? 몇몇 연구에 따르면 임의적으로 신조어를 만들어 사용하는 것만으로도 결속력은 올라간다고 한다. 구호를 색다르게 만든다거나 특별한 장소와 같은 상징적 요소를 활용하는 것이다. 대학생 오리엔테이션이나 신입사원 연수에서 조를 짜서 이름을 정하고 구호를 통일해 외치게 하며 응원가를 만들어 부르는 것이 대표적인 사례라고 할 수 있다.

대학생들은 학교 점퍼나 과 티셔츠를 입는 것만으로도 소속감이 상승하는 것을 느낀다. 술자리 건배사에 학교의 정체성을 담아 동시에 외치는 것만으로 가슴이 웅장해지기도 한다. 연세대학 학생들은 이렇게 외친다. "위하세, 위하세, 위! 하! 세!" 비슷하게 서울대는 '위해서'를 고려대는 '위하고'를 외치기도 한다.

동질감을 심는 데 있어 무엇보다 중요한 것은 '공통의 지향점'이다. 튀르키예의 심리학자 무자퍼 셰리프Muzafer Sherif의 '로버스 동굴 공원 실험'을 보면 이를 구체적으로 살펴볼 수 있다. 이 실험에서는 도둑들의 동굴로 유명한 오클라호마 주립공원에 캠프를 차리고 십 대 초반의 소년들을 두 그룹으로 나누어 생활하게 했다. 서로 친한 소년들을 각기 다른 그룹에 속하게 한 뒤 각각의 캠프에서 강한 위계질서를 강요했다. 며칠 후 두 그룹 간 운동 경기로 경쟁을 붙였더니, 친했던 친구들마저 서로를 욕하는 등 두 그룹 사이의 분열이 심한 모습을 관찰할 수 있었다. 당초 이 연구의 목적은 갈등을 극복하고 융화해 가는 방법을 찾는 것이었다. 그리고 그 방법은 바로 '공동의 적'을 만드는 것이다. 이후 모두에게 절실한 물 공급을 끊었더니 두 그룹은 힘을 합치기 시작했다. 공동의 적은 곧 해결해야 할 공동의 문제점이자 궁극적으로 함께 이루어야 할 공동의 목표와 같다.

남북이 갈라진 70년 동안 공동의 목표를 추구하며 하나가 되었던 유일한 순간은 스포츠 단일팀의 국제 대회 참가였다. 여기서 모두가 우려했던 것은 선수들이 동질감을 가질 수 있는지였다. 그러나 역설적으로 분단된 70년이 만든 차이가 오히려 하나가 되어야 한다는 공통의 지향점으로 작용했다. 더구나 국제 스포츠 대회에서는 하나의 팀이 되어 싸워 이겨야 하는 공동의 적이 존재한다. 중국을 상대로 남북 단일팀이 탁구 경기를 승리로 이끄는 모습은 비록 스포츠 이벤트지만 남북한 국민의 가슴을 뜨겁게 만들었다.

이는 마치 싫어하는 상사를 술자리 안주 삼아 친목을 다지는 회식과 같다. 오죽하면 같은 술자리에서조차 함부로 자리를 뜨지 말라고 할까. 뒷담화의 본능은 내 편을 찾기 위한 현대인들의 간절한 목마름일지도 모른다. 공동의 적을 만들기보다는 애초 공동의 목표를 통해 동질감을 찾는 게 바람직한 이유다.

칭찬은 모방으로, 모방은 닮음으로 이어져 동질감을 만들어낸다. 칭찬은 서로에 대한 호감과 신뢰를 높이는 마법 같은 순간이다. 칭찬이 고래도 춤추게 한다는데 하물며 당신의 가족, 친구, 동료들은 어떻겠는가? 일상에서 기쁨을 나누는 일은 생각보다 어려운 일이 아니다. 내가 좋아하는 사람이든 썩 좋아하지 않는 사람이든 상관없이 칭찬을 덧붙여라.

기왕이면 시원하고 후하게.

4장

당신만의
이야기

언어의
철학

복제시대의
예술 작품

누구도
따라할 수 없는
나만의
독창성을 찾자

불과 팔십여 년 전까지만 해
도 우리 국민은 대부분 한복을 입고 생활했다. 일본에서는 기모
노, 중국은 치파오를 입었고, 심지어 스코틀랜드 남성들은 '킬트'
라 부르는 치마를 두르기도 했다. 그런데 전 세계 사람들의 현재
모습은 어떠한가? 일상에서 흔히 입는 옷은 청바지에 유명 스포
츠 브랜드의 로고가 큼지막하게 인쇄된 티셔츠 같은 것들이다.
똑같은 옷을 이 순간 미국에서도, 남미에서도, 아프리카 오지에
서도 입고 있다. 그렇다면 무엇이 전 세계 사람들을 아울러 비슷

한 모습으로 만들었을까?

영국에서 일어난 산업혁명으로 인간의 삶은 농업 중심에서 공업 중심으로 전환되었다. 과학 기술의 시대에 접어든 유럽은 그간 경험하지 못했던 기술과 그로 인한 삶의 변화를 겪으며 새로운 문화를 만들어갔는데, 그 원동력이 된 것이 바로 모더니즘modernism이다. 유럽의 기술 발전을 근간으로 한 모더니티는 1920년대 미국 산업에 적용된다. 헨리 포드Henry Ford의 '컨베이어 벨트 시스템'은 대량 생산 시대의 막을 올렸다. 대량 생산은 필연적으로 대량 소비로 이어졌고, 컨베이어 벨트 시스템으로 막대한 부를 축적한 대기업이 등장했다. 대기업들이 이윤을 내기 위해 소비자들을 자사의 고객으로 만들기 위한 수단으로 대중 광고의 필요성이 부각되었다. 그 결과는 거대 자본과 대기업, 그리고 강대국이 주도하는 획일화의 시작이었다.

광고는 치열한 시장 경쟁에서 살아남기 위해 획일화된 제품 사이에서 자사 제품에 차별점을 둬야 했다. 그렇게 기업이 광고를 무기로 시장과 소비자에게 각 제품별 차이점과 개성을 강조하면서 시대는 변화했다. 극강의 효율을 위해 똑같은 제품을 사용했던 과거에 반해, 각자의 성격과 상황을 반영한 상품이 주목받기 시작한 것이다.

어린 시절 농촌인 외가에 가면 도시와는 또다른 환경에서 많은 추억을 쌓곤 했다. 고추나 상추를 텃밭에서 따먹던 기억, 한여름에 매미나 개구리, 갯벌의 망둥이를 잡던 기억은 지금까지도 생생히 떠오른다. 그러나 내가 유독 두려워하던 것이 있었는데, 그것은 커다란 개도, 비단뱀도 아닌 바로 집 밖에 덩그러니 있던 화장실이었다. 해가 지고 칠흑 같은 어둠이 내린 가운데 화장실까지 걸어가는 길은 마치 극기훈련처럼 무서울 따름이었다. 화장실에 가기 싫어서 머뭇거리는 시간이 길어지면 항상 할머니가 스윽 밀어주시던 것이 있었다. 바로 요강이었다.

내게 구세주였던 요강의 바닥을 들여다보면 도장 모양의 직인職印이 있었다. 청자나 백자까지는 아니더라도 직접 빚어 유약을 바르고 소중히 구워낸 일종의 도자기라고 봐도 무방할 것이다. 그 직인의 주인은 평생 몇 개의 요강을 만들었으며 지금은 어느 곳에 몇 개나 남아 있을까.

증기 기관과 컨베이어 벨트로 이어진 대량 생산품들은 전 세계로 팔린다. 이제는 저 멀리 독일 어딘가에서 만들어진 단단하고 녹슬지 않는 2만 원짜리 스테인리스 요강이 시골 할머니의 집 마루 한 모퉁이에 떡하니 자리 잡을 정도다. 옆집도, 그 이웃

마을 다른 집들도 모두 같은 요강을 사용하게 되었다면 만든 이의 낙관이 찍힌 세상에 단 하나뿐인 수제 요강의 가치는 지금 어떻게 변했을까?

한편 레오나르도 다빈치Leonardo da Vinci의 〈모나리자〉는 피렌체의 부호 프란체스코 델 조콘다를 위해 그의 부인을 그린 초상화이다. 오백 년이 지난 지금 전 세계인들이 표를 사고 줄을 서 입장을 해도 먼발치에서나마 "와, 모나리자다." 할 정도가 되었다. 모나리자가 루브르 박물관을 3개월 떠나 있게 된다면 입장 수익이 450억 정도 감소한다는 추정으로 그 가치를 간신히 가늠할 정도다. 모나리자는 한 차례 도난 이후 유명세를 타기 시작해, 마르셀 뒤샹Marcel Duchamp의 패러디와 앤디 워홀Andy Warhol의 대량 복제를 통해 미술사에서 가장 유명한 미술 작품으로 자리 잡게 된다. 대량 생산과 대량 복제가 가능해진 시대에서 레오나르도 다 빈치가 그린 단 하나의 〈모나리자〉, 그 진품의 가치는 더욱 오르기만 하는 추세다.

***

"우리나라는 주입식 교육이 많다. 어린이 퀴즈 프로그램에도 국기 맞히기에서 수많은 나라의 국기를 모두 맞히는 아이들이 있다. 나중에 도움은 되겠지만 이걸 꼭 외워야 하나 싶었다.”

　방송인 이경규가 한 교육 관련 토론회에서 한 말이다. 제도권 교육 안에서 우리는 법적 입학 연령이 되면 초등학교에 입학하고 이후 별다른 일이 없으면 고등학교까지 자연스럽게 졸업하게 된다. 물론 일찍이 가수 서태지처럼 자신이 하고 싶은 것을 찾아 홀연히 학교를 떠난 선지자들도 있긴 했지만, 대다수의 청년들은 학교 졸업장은 필수라고 생각했다. 남들도 다 그렇게 다니고 부모님과 사회가 그래야 한다고 말하니 당연하게 그 루트를 밟아왔다.

　뒷산에서 황토를 삽으로 떠와 반죽을 하고 물레에 올려 빚어내고, 다시 유약을 발라 굽기를 두어 차례 한 후에야 비로소 제 빛과 기능을 갖추는 하나뿐인 요강. 반면 공장에서 주물 틀에 찍어내어 컨베이어 벨트를 돌려 똑같이 만드는 대량 복제품 요강. 당신은 이중 어디에 더 가깝다고 생각하는가? 안타깝지만 우리 중 대부분은 후자에 해당할 것이다. 비슷한 거주 환경에 같은 옷, 음식, 음악 등 동일한 문화 속에서 살고 있는 상황에서, 심지어 십여 년의 수업 내용마저 같다는 건 결국 획일화의 원인이자 독창성의 파괴 원인으로 작용할 수밖에 없다.

　레오나르도 다 빈치의 모나리자와 시골집 요강의 비교는 돈으로 매겨지는 물리적 값어치의 차원이 아니라 차별화된 지위와 그에 따른 상대적 가치 차이라고 할 수 있다. 그렇다면 우리는 어떻게 대량 생산이 아니라 장인의 손에서 피어난 독창적인 지위를 갖출 수 있을 것인가?

애초에 완벽하게 새로운 것을 만들어 내는 건 불가능에 가까운 일이다. 다만 정형화된 사고를 살짝만 전환해도 우리는 충분히 달라질 수 있다. 신선한 사고를 시작하고 그에 따라 당신만의 색과 향을 가진 언어를 구사하게 될 수 있다. 우리 모두 수많은 복제품 속에서도 끝없이 가치가 올라가는 명화인 모나리자가 될 수도 있고, 손으로 빚은 단 하나의 요강이 될 수도 있을 것이다. 다만, 다음 질문에 대한 답은 우리 스스로 찾아야만 한다.

복제할 수 없는 당신만의 것은 무엇인가?

모난 돌이
빛을 발한다

독창성이 반드시
혁신에서 오는 것은
아니다

"떨지 말고, 평소처럼만 해."

모든 부모가 중요한 시험을 앞둔 자녀들에게 하는 말이다. 이 말은 극도의 긴장감에 휩싸인 자녀들을 위로하는 의미도 있지만 사실, 남들처럼만 하라는 의미로 평균에 준한 것이 최선이라는 말과 다르지 않다. "모난 돌이 정 맞는다."라는 옛말이나 "중간만 가라."는 말이 있을 정도로, 대한민국 사회는 튀는 것에 대해 극도로 거부감을 느끼고 평준화를 추구하는 사회다. 공교

육도 평준화에 초점이 맞춰져 있었고, 학교와 군대를 통해서 절대 튀면 안 된다는 사실을 배우면서 계급 사회를 경험한다. 이는 직장과 사회생활에서도 그대로 적용된다. '모'나 '튀는 것'이라는 단어부터가 이미 부정적인 의미를 내포하고 있다.

"모난 돌이 정 맞는다."는 속담에는 '성격이 너그럽지 못하면 대인 관계가 원만할 수 없다'는 뜻과 함께 다른 의미도 담겨 있다. 바로 '너무 뛰어난 사람은 남에게 미움을 받기 쉽다'는 말이다. 대한민국 사회에서 자신의 장점에 대해 스스로 말하는 것은 잘난 척하거나 겸손하지 못한 것으로 치부되는 경우가 많다. 어릴 때부터 영재로 주목받아 TV 프로그램까지 출연하는 아이들이 성인이 되어서는 그 천재성과 독창성을 좀처럼 유지하지 못하는 이유도 여기에 있지 않을까. 다름을 숨기고 우물쭈물하다가 성인이 되고, 그제야 세상에 자신을 당당하게 내보이려 하는데 눈 깜짝할 사이에 이미 중년이 되어 버린다. 이후의 시간은 쏘아 놓은 화살처럼 순식간에 흘러버린다. 쉽지 않겠지만, 이제는 나만의 개성을 세상에 보이기 위한 노력이 필요한 때다.

***

영화 〈빅 아이즈Big Eyes〉의 배경이 된 시기는 모더니즘에서

4장. 당신만의 이야기

포스트모더니즘으로 넘어가던 1950년대 무렵이다. 2차 세계대전으로 황폐해진 유럽에서 수많은 예술가들이 미국으로 이주하던 시대이기도 하다. 카메라와 인쇄술의 발달은 예술계에도 엄청난 혼란과 변화를 가져왔다. 영화에서 사물과 자연을 있는 그대로 그려내는 남자 주인공 월터 킨(크리스토프 왈츠 분)의 그림은 더 이상 상품성을 인정받지 못하고 외면 당한다. 그러던 중 월터는 우연히 홀로 딸을 키우며 살고 있던 마가렛(에이미 아담스 분)과 사랑에 빠진다. 딸의 이미지에 유난히 큰 눈을 그려 넣어 신비로움을 자아내는 그녀의 독특한 그림 〈빅 아이즈〉가 대중들에게 엄청난 인기를 얻자, 월터는 마치 자신이 그린 것처럼 행세하며 두 사람의 갈등은 시작된다. 영화 속 실존 인물인 마가렛 킨Margaret Keane은 수많은 팬을 보유한 실존 인물로, 영화 감독 팀 버튼Tim Burton이 사랑한 미술가이기도 하다.

너도나도 실사를 표방하던 미술계에서 더 이상 사진과 인쇄술을 따라가기 힘들어지자, 눈이 비정상적으로 큰 인물을 내세운 그림이 사람들의 눈길을 사로잡고 인기를 끌게 된 셈이다. 그런데 중요한 건 마가렛 킨의 〈빅 아이즈〉는 전략적 화풍은 아니었다는 점이다. 그녀의 철학이 녹아든 개성이 시대적 배경과 맞물려 팬덤fandom을 형성하며 불티나게 팔려 나갔고, 대중 예술의 상업화에 혁명으로 기록된 것이다.

또 영화 〈셰이프 오브 워터〉에는 당시 미술계를 풍자하는 장면이 등장한다. 여자 주인공의 친구이자 화가가 식당에서 일하는 청년의 그림을 보고 이렇게 평하는 것이다.

"솜씨 좋네요. 사진보다는 못하지만!"

현실 그대로를 실감나게 그려내는 작품은 사진보다 정교하지 못해 가치를 잃었고, 대량으로 인쇄되어 여기저기 걸린 인테리어 액자와 다를 것이 없어진 기존 화풍은 더 이상 사람들의 관심을 끌지 못했다. 결국 미술계에서는 작가의 내면을 중요시하는 형태나 무의식에서 생겨난 우연한 결과를 자유롭게 표현하는 작품들을 선보이기 시작했다. 각자의 개성과 가치관을 중시하는 추상표현주의는 이렇게 시작되었다.

***

관심의 시작은 차별화다. 차별화는 모두가 쓰는 편안한 쿠션 대신에 견고한 프레임을 가진 독특한 소파로 주목을 받는 전략적 마케팅을 쓴다거나, 그저 남이 하지 않는 말을 한다고 해서 얻을 수 있는 것이 아니다. 독창성은 진정성과 꾸준한 노력을 요한다. 세상 누구도 원래부터 독창적으로 태어나지는 않았다.

박나래처럼 재치 있는 방송인이 이영애를 동경해 배우처럼 말하려고 노력한다면 어떨까? 트로트가 대세라고 해서 감성을 자극하는 발라드 가수 박효신이나 대한민국을 대표하는 재즈싱어 나윤선이 트로트로 신곡을 선보이길 바라는 사람은 없을 것이다. 성공을 거둔 많은 사람들은 자신이 하던 분야에서 좀처럼 눈을 돌리지 않는다. 그들은 스스로 잘하는 일을 발전시켜 오거나, 하던 일의 연장선에서 새로운 길을 개척했다.

토크 프로그램을 오래 진행하며 자신의 분야에서 성공한 오피니언 리더들을 많이 만났다. 이야기를 나누다 보면 내가 알고 싶은 것들을 묻고 싶지만, 항상 시청자들이 궁금해할 만한 것을 물어봐야 한다는 것이 나의 방송 철칙이다. 그들의 이야기를 듣다 보면 개인마다 사뭇 다른 결을 느낄 때도 있지만 대부분은 우리 주변 사람들의 삶과 크게 다르지는 않다. 그들의 성공은 삶의 과정에서 자연스럽게 이어졌을 뿐, 대단한 철학이나 엄청난 고난의 결과물인 경우는 흔치 않았다. 이 말인즉슨 그들이 엄청나게 운이 좋아서, 혹은 특별한 사람이기 때문에 해낸 것이 아니라는 것이다. 마찬가지로 우리의 기억과 삶에도 엄청난 생각이 숨어 있다. 단지 땅 밑에 금이나 다이아 원석이 숨어있듯, 발굴하지 못하고 있을 뿐이다. 우리가 삶에서 느낀 온갖 감정과 경험들의 기억이 새로운 아이디어의 원천이 된다.

***

"The most personal is the most creative(가장 개인적인 것이 가장 창의적인 것이다)."

영화 〈기생충〉으로 대한민국을 넘어 전 세계 영화사를 다시 쓴 봉준호 감독은 아카데미 수상 소감을 비롯해 다양한 자리에서 이 문장을 인용했다. 이는 원래 영국의 영화 저널리스트인 데이비드 톰슨이 쓴 《Scorsese on Scorsese(한국어판, 《비열한 거리》)》에 담겨 있는 표현이다.

봉준호 감독은 세계인들에게 '봉준호 스타일'을 각인시키는 데 성공했다. 〈설국열차〉에서 〈기생충〉으로 이어지는 자본주의 사회의 계급 투쟁 역사를 때로는 격렬한 액션으로, 때로는 블랙 코미디로 가감없이 보여주며 그만의 영화를 만들어왔다. '반지하 월세'라는 독특한 생활 문화와 한국어로 된 대사, 심지어 '짜파구리'라는 인스턴트 식품 제조법까지 세계로 퍼트렸다. 이것들은 외국에서 접하기 힘든 문화라 자칫하면 문화 장벽으로 느껴질 수 있었지만, 이마저도 전 세계인의 찬사를 막지는 못했다.

가장 봉준호다운 것이 가장 한국적으로 드러나는 순간이자, 가장 독창적인 것을 넘어 세계적인 트렌드를 만들며 역사의 한 장을 멋지게 장식했다.

독창성은 혁신의 동의어가 아니다.

마음의 문을
여는 힘,
진정성

진정성을 가질 때
말은 비로소
힘을 얻는다

한 여배우는 결혼 후 토크쇼
에 출연해 진행자로부터 이런 질문을 받았다.

"왜 현재의 남편을 선택했죠?"

그러자 그녀는 대뜸 진행자의 눈을 가리고는 이렇게 물었다.

"내 눈이 무슨 색인지 아세요?"

진행자가 선뜻 답을 하지 못하자 이렇게 말했다.

"초록색이에요. 남편은 이 질문에 답한 유일한 사람이에요."

이후 그녀는 두 번의 결혼을 더 했지만, 만인의 연인이던 그녀가 선택한 첫 남자와의 만남 이야기는 영화보다도 한층 로맨틱하다. 뛰어난 미모에만 시선을 주느라 그녀의 눈이 초록색이라는 걸 인지하지 못한 수많은 사람 가운데, 유일하게 눈을 봐주었던 그 진정성에 자연히 마음이 끌렸으리라. 그래서 수십 년이 지난 지금까지도 이 에피소드는 여전히 회자되고 있다. 영화 〈로미오와 줄리엣〉으로 영원히 기억될 세기의 미녀 올리비아 핫세 Olivia Hussey의 이야기다.

이를 앞서 언급한 '조하리의 창' 이론에 대입하면 두 가지 커뮤니케이션 효과를 예상해볼 수 있다.

하나, 나는 알지만 상대는 모르는 부분에 대한 것이다. 남자들이 그녀의 이목구비나 몸매를 칭찬할 때, 본인은 '난 내 눈동자가 정말 마음에 드는데'라고 생각했을 수 있다. 이때 상대가 눈동자의 색을 알아채고 예쁘다고 말했다면 이를 남자의 진정성으로 받아들였을 가능성이 높다.

둘, 나는 모르지만 상대가 아는 부분에 대한 것이다. 모르긴 몰라도 수많은 남자가 뛰어난 외모를 칭찬해 왔다면 싫어질 만도 하다. 그런데 누군가 "당신은 초록색 눈이 가장 매력적이군요."라고 말했다면, 스스로 초록색 눈에 대한 매력을 재발견하며 상대가 특별하고 차별화된 인물로 느껴졌을 수 있다. 다른 사람들은 관심을 두지 않았던, 심지어 스스로도 발견하지 못했던 자신의 또 다른 매력을 찾은 경우다.

관계를 시작하는 사람들은 서로에게 의미 있는 존재가 되고 싶어 한다. 이때 타인과의 대화를 통해 알게 되는 새로운 정보는 자신에게도 중요한 의미로 스며든다. 그래서 좋은 관계를 갖는 것은 스스로를 성장시키는 계기가 되기도 한다. 자기 확장self-expansion은 결국 자신을 둘러싼 세계관이 넓어지는 것으로, 스스로도 느낄 만큼 변화하고 성장하는 과정이다. 친구에서부터 연인 사이까지, 그간 몰랐던 자신에 대해 새로운 사실을 깨닫고 상대에 대한 고마움을 느끼며 관계는 다시 더 깊어지게 된다.

올리비아 핫세의 일화는 상대와 원하는 바를 이루기 위해 서로가 능동적이며 적극적으로 대화하는 '정보 추구자'의 이상적인 모습이다. 올리비아는 자신의 외모에 빠져 구름처럼 몰려드는 남성들 사이에서 진정성을 발견하기 위해 '눈동자의 색깔'을 물었고, 그는 그녀의 외모 속에서 특히 '아름다운 눈'을 발견하며 세계 최고의 미녀와 함께할 수 있게 됐다.

***

    일상의 대화에서 자기 노출에 공을 들여야 하는 이유는 명확하다. 긍정적 자기 노출은 타인이 당신을 바라보는 시각을 바꾼다. 그리고 이는 다시 당신이 그 사람을 대하는 태도를 바꾸게 된다. 자기 노출과 관계에는 다음의 특징이 있다.

    하나, 사람들은 자신을 노출하고자 하는 본능을 느낀다.
    둘, 자신이 좋아하는 사람에게 더 많은 것을 털어놓는다.
    셋, 개인적인 비밀을 털어놓는 사람에게 그렇지 않은 사람보다 더 많은 호감을 느낀다.

    오프라 윈프리의 가정사와 성장 과정은 일종의 자기 폭로에 가까울 정도다. 하지만 그녀의 충격적인 이야기들이 성공적인 자기 노출이 된 데는 그녀 자신이 스스로를 보여주는 태도에 그 비결이 있다. 어느 순간 감추고 싶던 비밀을 털어놓으며 그녀는 자신을 묶고 있던 속박에서 자유로워졌다고 말했다. 수치심을 극복하고 자신이 어떤 사람인지 또 어떤 가치관을 추구하는지 깨달으며 지혜를 터득하게 되었다는 것이다. 이처럼 자신의 정체성을 존중하고 이를 적극적으로 타인에게 보여주는 용기가 있을 때 실제 의도한 결과로도 이어질 수 있다.

김주환 교수는《회복탄력성》을 통해 "나의 정체성은 나의 기억에 있는 것"이라고 했다. 그리고 스스로가 누군지를 규정하는 것은 결국 내가 나의 경험에 대해 어떤 방식의 스토리텔링을 하느냐로 결정된다고 말한다. 그러나 '스피치를 통한 자기 노출'이 오프라 윈프리의 사례처럼 항상 긍정적인 결과만을 가져오는 것은 아니다. 잘못된 자기 노출로 중요한 면접에서 탈락하기도 하고, 소중한 사람과 멀어지기도 하며, 서로에게 평생 지울 수 없는 상처를 남길 수도 있다. 그 예시로, 한 면접관과 지원자의 대화를 살펴보면 스토리텔링 방식이 얼마나 중요한지 느껴질 것이다.

"살면서 어려움을 극복한 기억 한 가지 말해볼까요?"

면접관의 질문에 지원자는 이렇게 답했다.

"제가 이 회사에 지원한 이유는 최고는 아니지만 어떤 대기업에도 뒤지지 않는다는 근성을 가진 회사! 바로 제가 살아온 모습과 닮았기 때문입니다. 찢어지게 가난했던 집안에서 자라며 제 자신을 지켜낼 수 있는 것은 저의 힘뿐이라고 생각했습니다. 태권도를 배울 돈조차 없었지만, 학교 뒤편에서 틈틈이 한 운동으로 몸을 다지고 결국 학교 싸움 '짱'까지 될 수 있었습니다. 세상은 못난 자에게 냉혹하다는 것을 깨닫고 오기와 깡으로 그렇게 저를 지키기 위해 싸워왔습니다."

위 질문과 대답은 앞서 언급했듯, 실제 면접 상황처럼 각색하여 질문과 답변을 진행했던 내용이다. 자기 노출은 결국 스스로 말하지 않으면 다른 이가 알 수 없는 내용이다. 이 남성 지원자는 '가난했던 가정 형편'을 스스로 극복해 나갔던 기억을 자기 폭로에 가깝게 노출했다. 어떤가? 당신이 면접관이라면 이 지원자에게 어떤 평가를 내리겠는가?

이처럼 관계를 맺는 데 있어 자기 노출이 매우 중요한 영향을 미치는데도 불구하고 사람들은 대화에 있어 자기 노출을 중요한 문제로 깊이 인식하지 않거나 개인적인 성향으로만 여기는 경향이 있다. 전략적인 스피치 기법으로 여기지 않는 것이다. 그래서인지 준비되지 않은 상황에서의 어설픈 자기 노출 스피치나 행동으로 인해 돌이키기 힘든 부정적 이미지만 남기는 경우가 우리 주변에 굉장히 많다.

이를테면 정치인들은 유권자들의 마음을 얻기 위해 자신이 그들과 크게 다르지 않은 보통 사람이라는 걸 보여주려고 한다. 그래서 선거철이 다가오면 서민들의 목소리를 듣고 소통하겠다고 거리로 뛰쳐나와 노점의 음식을 먹거나 대중교통을 이용하며 평범하고 친근한 사람이라는 걸 강조하는 경우가 있다. 이를 '서민 행보'라 통칭한다. 미국 대통령 후보들은 흔히 대중들의 한 끼 식사인 햄버거를 먹는 장면을 연출하고, 한국의 정치인들은 재래시장을 찾아 꼬치 어묵을 집어드는 식이다. 일례로, 이명박 전 대통령은 "국밥 푹푹 퍼먹고 경제나 살려!"라는 욕쟁이 할머니의 국밥집 이미지를 경제 대통령 이미지로 연결하며 대선에 성공했다.

정치인들의 연출된 자기 노출 행태에는 동질성을 강조해 호감을 얻고자 하는 다분한 의도가 숨어있다. 그러나 지지와 표를 얻기 위한 명확한 목적이 있다면 적어도 대중과 공감하기 위한 준비와 연습 정도는 필요하지 않을까. 자칫하면 '이 세상 사람'이 아닌, 현실감각 없는 '저 세상 엘리트'라는 사실만 전국구로 노출하는 셈이 되어버리니 말이다. 진정성이 결여된 말과 행동은 유권자에 대한 기만과 같다. 설득 대상에 대한 관심과 이해가 선행되지 않으면 원하는 결과를 얻을 수 없는 건 당연하다.

진정성은 모든 커뮤니케이션 기술보다 앞서는 대화와 설득의 제1 덕목이라고 할 수 있다. 2021년 버스 요금이 70원 아니냐고 되묻는 선거 후보, 라면 한 묶음 가격이 1천 원이 아니냐고 얼버무리던 자칭 라면 마니아 자수성가 잠룡 정치인의 실수는 차라리 애교 수준이다. 부자의 대명사가 된 아랍 에미리트 아부

다비국의 왕족 만수르Sheikh Mansour의 서민 행보는 앞선 이야기들을 무색하게 만드는 것을 넘어 경악스럽다.

"오늘은 서민 생활을 체험하기 위해 지나가다 차와 시계를 샀다. 겨우 10억 남짓으로 차와 시계를 살 수 있다니! 서민들의 고달픈 삶 속에 이런 소소한 재미가 있는 거겠지."

만수르가 자신의 SNS에 올린 글에 등장한 물품은 롤렉스 시계와 벤틀리 승용차였다.

***

2019년 아나운서 대상 시상식에서 감사하게도 시사 부문 TV 진행자상을 받게 됐다. 몇 날 며칠을 고심해서 수상 소감을 발표했다.

"얼마 전 화제가 되었던 방송인 홍진경 씨가 절친에게 보냈다는 유명한 편지를 봤습니다. 다시 한번 생각하게 되었습니다. 역시 좋은 말과 글이란 만들어지는 게 아니란 것을 말이죠. 좋은 말이란 좋은 사람에게서 자연스럽게 흘러나오는 것입니다.

한 해 한 해 더 좋은 사람이 되기 위해 노력하겠습니다."

수상 소감에 영감을 준 방송인 홍진경 씨가 친구에게 보냈다는 생일 축하 편지의 내용은 다음과 같다.

"나는 J를 2004년에 처음 만났다. 난생처음 보는 한 작은 애가 시작부터 영롱한 무엇이었다. 완전히 달랐다. 아홉 살에도 열네 살에도 스물셋에도 내가 찾던 사람. 그 나이엔 어디에 살았느냐고 처음 만난 자리에서 실제로 그런 질문을 막 해댔었다. 글리세린을 섞은 듯 쉽게 증발하지 않는 J의 이야기들은 뒤틀어져 엉거주춤 힘겨운 숨을 내쉬던 나를 촉촉이 펴주었다. 그날부터 오늘까지 십오 년이 흘렀다. 서수남 하청일 같이 사이좋게 쏘다녔다. 이제 나는 정말 더 찾지 않는다. 어떤 해는 J를 한 번도 못 보고 지나가도, 그녀를 모르던 시답잖은 날들에 비하면 아름답다."

고대 로마의 웅변가이자 수사학자인 쿠인틸리아누스Marcus Fabius Quintilianus는 가장 이상적인 연설가란 한마디로 "좋은 사람이 말을 잘하는 것"이라 정의했다. 한 사람의 말은 그 사람의 세상을 들여다볼 수 있는 통로가 된다. 언어 능력은 소통 능력의

한 구성 요소일 뿐이다. 말을 아무리 청산유수처럼 잘한다 해도, 상대로부터 신뢰와 호감을 얻을 수 없다면 소통 능력이 뛰어나다고 할 수 없다. 상대에게서 호감과 신뢰를 얻으려면 사랑과 존중을 주고받을 수 있어야 한다. 즉, 사랑과 존중을 주고받는 것이 바로 소통의 능력이다.

공감의 미장센과 자기 노출이 뜻하는 것은 결국 당신에게도 변화가 필요하다는 것이다. 당신의 생각에서 비롯되고 입을 통해 세상으로 나온 말이 이후의 모든 것을 결정한다. 향기로운 꽃에 벌이 날아들고, 그 벌들이 모은 꿀은 또 다른 벌들을 키워내는 법이다. 우리가 타인과 진정성 있는 자아 대 자아로서 마주할 때, 서로의 언어는 비로소 향기를 얻게 된다.

기억하자.

우리의 말은 꿀과 독을 동시에 지니고 있다는 사실을.

말은
지문과
같다

감추어도
본질은 반드시
말과 태도로
드러난다

잔뜩 물을 먹은 스펀지처럼 누가 툭 건드리기만 해도 눈물이 주룩 흐르던 때가 있었다. 그때 내 삶 전체를 뒤흔든 건 실연이 아닌 후회였다. 실외마스크 착용 의무도 아닌데 여전히 마스크를 쓰고 다니는 사람들이 많다는 것이 행운이라고 여겨졌다. 그러나 사실 마스크는 별 소용이 없었다. 눈물을 훔치지 않아도 되는 편의성을 제공하는 정도랄까. 희망을 얘기하던 평론가 K에게 막말을 쏟아냈고, 평소 든든한 버팀목을 자처하던 후배 Y 앞에서는 눈물을 흘리며 추태를 보였다. 그들은 그간 봐 오던 나의 모습이 아니었기에 적잖이 당황했을 것이다.

냉철한 지성과 거짓말도 믿게 할 앵커의 공신력 따위, 그 순간만큼은 모두 거짓이었다. 그간 사람들과의 관계에서 보여줬던 이미지 따위는 아랑곳하지 않고 어느새 나는 시도 때도 없이 눈물만 흘려대는 사람이 되어 있었다. 멋진 척, 쿨한 척 그리고 어른인 척이라는 가면은 더 이상 내가 쓸 수 있는 카드가 아니었다.

**

개인의 페르소나persona라는 것은 실체가 없다. 과연 몇 개나 되는지, 그리고 그 이면에 어떤 생각이 자리했는지도 알 수 없다. 확실한 것은 페르소나가 결국 '이미지 관리'와 같은 연장선에 있는 개념이라는 점이다. 스스로 원하는 이미지를 만들기 위해서 직접 쓴 가면이니 말이다. 이는 그 '사람' 자체를 의미하거나 그의 '성격'이라고 해석되기도 한다. 소위 말하는 '컨셉'이 여기에 해당하며, 직업 자체를 가리키지 않는다면 '본캐'나 '부캐' 같은 표현 역시 크게 다른 의미는 아닌 듯하다. 본캐와 부캐는 게임에서 파생된 용어로, 본캐는 주로 사용하는 캐릭터, 부캐는 그 외에 더불어 사용하는 캐릭터를 뜻한다.

페르소나가 이미지와 밀접한 연관성이 있다는 방증은 그것을 만드는 주체에 있다. 이미지란 결국 상대의 마음속에 각인된 자신의 모습이다. 이와 마찬가지로 페르소나는 주변 사람들이 원하는 모습의 틀에 맞춰 형성된다. 어려서는 부모의 바람과 교육에 따라서, 학교와 조직에서는 그곳에 어울리는 문화와 분위기에 따라서, 연애할 때는 상대가 좋아하는 모습과 방향에 따라 맞춰가게 되는 것이다. 그러고 보면 페르소나라 불리는 마스크는 본래 자신의 것이 아닌지도 모른다. 그래서 누구나 쓰고 있지만 그 형체나 정체성을 명확하게 정의 내릴 수 없는 것이리라.

한때, 상대에게 잘 보이기 위해 열심히 살을 빼고 가르마펌을 하려고 더위를 견뎌가며 머리를 길렀다. 유행하는 TV 프로그램이나 영화 이야기도 장착했다. 사회 생활의 선배로서 그 나이에 으레 하는 고민에 대한 멘토 역할도 마다하지 않았다. 심지어 주말이면 요리사를 자처하며 갖은 음식들을 준비하기도 했다. 그러나 그 가면은 내 본연의 것은 아니었다. 아마 그녀도 그것을 금방 알아챘을 것이다. 이는 서로가 원하는 관계가 아니었다. 단지 그녀와의 거리감을 극복하려는 애처로운 몸부림이었을 뿐. 그러면서 나는 스스로를 낯선 모습들로 덮어씌우며 괴롭히고 있었다.

결국 페르소나라는 보이지 않는 가면은 주변 사람들의 요구에 맞춰서 새롭게 만들어지고, 이것은 사회 생활이나 인간관계를 원만히 유지하는 하나의 방법이 되기도 한다. 그러나 자신과 맞지 않는 페르소나는 코스프레cospre에 가깝다. 어울리지도, 맞지도 않는 옷과 같은 페르소나를 스스로의 본성과 동일시하는 것은 결국 큰 상처로 이어진다.

사랑을 하면 우리는 더 좋은 사람이 되기 위해서 노력하게 된다. 자신이 가진 모습보다 더 이상적인 모습으로 포장하고 싶은 마음은 지극히 자연스럽지만, 한편으로는 위험하다. 깨지 않는 꿈이 없듯 끝나지 않는 사랑은 없기 때문이다. 결국 헤어짐의 고통은 오롯이 자신의 몫이 된다. 분별없는 페르소나는 신체와 정신적 문제들을 낳고, 이는 열등감과 우울증의 원인으로 작용하기도 한다. 그렇기에 심리학에선 자기self와 페르소나 사이의 균형을 강조한다. 결국 모든 관계의 시작은 자신이며, 그 중심을 지켜야 올바른 인간관계를 형성해 갈 수 있다.

***

페르소나는 관계에 있어서 중요한 징검다리가 되기도 한다. 이는 영화계에서도 흔히 볼 수 있다. 감독의 표상이 되어 영화의 메시지를 대신 전하는 배우가 그 예다. 자신의 세계관이나 철학이 뚜렷한 감독일수록 자신의 페르소나를 가지고 있는 경우가 많다. 심지어 모 감독과 배우처럼 서로의 세상을 공유하다 못해 세상의 비난을 감수한 채 현실에서의 동행을 선택하는 경우도 있다. 사회적으로 용인되지 않는 둘의 관계를 과연 서로의 중심을 지키지 못한 페르소나의 부작용으로 볼 것인가? 아니면 자신과 페르소나가 궁극적 균형을 이룬 진실한 사랑이라 볼 것인가? 이의 옳고 그름을 떠나 핵심은 타인과의 관계에서 서로의 페르소나가 된다는 것은 바로 서로를 닮아가는 과정이라는 점이다.

배우 장국영의 영화 〈패왕별희〉에서는 가슴 아프지만 아름다운 주인공들의 페르소나가 그려진다. 영화의 배경이 된 중국 문화혁명기의 혼란 속에서 사람들은 모두 자신의 모습을 철저히 숨기거나 혹은 상대의 가면을 벗겨내 색출하고 무너뜨리려는 극단의 모습을 보였다. 극 중의 두지(故 장국영 분)는 경극 속의 배역을 닮아가다가 결국 스스로가 초나라 패왕의 애첩인 우희가 된다. 현실과 극을 구분하지 못하는 지경에 이르던 그는 어느 순간 처절하게 자신의 현실을 깨닫고, 영원히 극 속에 남기 위한 마지막 선택을 한다. 영화 속에는 현실에서의 분별과 균형을 잃은 가면이 얼마나 부질없고 상처가 되는지를 상징하는 결정적 대사가 녹아 있다. 홍등가를 떠나는 주샨(공리 분)을 향해 유곽의 포주는 이렇게 외쳤다.

"네 붉은 화장을 지운다고 세상 사람들이 널 몰라볼 줄 아니?"

앞서 나는 이미지란 무엇인가와 호감과 신뢰의 근원에 대해
도 이야기했다. 그러나 좋은 이미지를 가진 사람이라고 해서 그
사람이 하는 말이 다 진실인 것은 아니다. 일정 시간을 두고 반
복된 노출을 통해 내밀한 이야기까지 공유한 관계가 아니라면,
얼마든지 가면 뒤에서 적당히 꾸민 말들이 효과를 발휘할 수 있
기 때문이다.

그러나 말이란 흡사 지문과도 같다. 성형하고 머리 스타일
을 바꾸고 화려한 치장 뒤에 숨어도 결국엔 선명히 그 본질을 드
러내기 마련이다. 인주를 묻혀 흰 종이 위에 찍으면 명확한 형체
를 드러내는 고유의 무늬, 지문처럼 말이다. 가면으로도 도저히
가릴 수 없는 상황이나 환경에 처하는 것은 지문을 드러내는 인
주와 같은 역할을 하게 되고, 이렇게 극단적인 상황에 놓이게 되
면 결국 지문은 드러난다. 말과 행동으로, 그리고 태도로.

〈패왕별희〉 속 주인공들도, 그리고 실연 앞에 지난 삶이 송
두리째 흔들렸던 나도 분명 가면을 걷어낸 자신의 실체와 마주
한 것이리라. 살다 보면 스스로 뛰어들지 않더라도 극한의 고통
과 외로움에 직면하게 될 때가 있다. 그때를 놓치지 말자. 그 순
간, 주변이 아니라 자신을 들여다보라. 아무리 감추려 해도 선명

하게 드러나는 자신의 지문을 살펴보라. 자신의 진짜 모습을 있는 그대로 아는 것, 그것이 모든 관계의 시작이다.

간절하게 원한다면 모든 것을 걸 수 있는 용기와 배짱이 필요하다. 사람의 마음을 얻기 위한 치밀한 계획도, 차분히 때를 기다리는 여유도 중요하다. 그러나 종국에는 진심만이 힘을 발휘한다. 진정성만이 진실한 결과물을 만든다. 진심과 진정성은 관계에 있어 자신이 중심이 될 수 있는 유일한 방법이기도 하다. 스스로에게 진실한 사람은 자존감이 높다. 진실한 사람과 그렇지 못한 사람의 관계가 틀어질 때 상처받는 쪽은 후자다. 진실한 이의 페르소나 역시 자연스러운 관계의 룰rule일 뿐, 거짓된 가면이라고 보기 어렵다.

관계에서 자신을 지키고 상대의 마음을 얻고 싶은가?
그렇다면, 진실하라. 매 순간 진실을 말하라.
말은 숨길수록 선명하게 드러나는 지문과 같다.

미래를 향한
길을 여는
질문

가장 간절히 원하는 것을
이루기 위해
우리가 말해야 할 것들

낯선 대상은 호기심을 불러오고, 호기심은 소통을 방해할 수 있는 또 다른 노이즈인 감정적 개입을 미연에 방지한다. 이는 공감을 이루는 데 있어 유리한 고지를 점한 것과 같다. 우리는 끊임없이 새롭고 낯선 것들을 필요로 한다. 아인슈타인Albert Einstein은 "어제와 같은 오늘을 살며 다른 내일을 꿈꾸는 것은 정신병 초기 증세다."라고 했다. 나이키의 'Just Do It'은 행동으로 변화를 이끌라는 단호한 외침이다.

회고 절정은 새로운 것에 노출되거나 시도하는 삶이 시간을 온전히 자신의 것으로 만들어 인생을 더욱 즐겁게 보내게 하는 비결이라는 사실을 알려주고 있다. 자신을 변화시키는 장치인 공감의 미장센을 통해 타인과의 대화와 설득에 나서자고 권하는 것 역시 같은 맥락이다. 그리고 이 모든 것의 시작은 자신과 상대에 대한 끊임없는 질문에 있다.

당신이 겪고 있거나 혹은 고민하는 문제들이 하룻밤 사이에 완전히 해결되었을 때, 당신은 이를 무엇을 통해서 확인할 수 있을까? 문제가 해결되었다는 걸 알 수 있는 '최초의 단서'는 실현 불가능할 만큼 엄청나거나 대단한 것이 아니라 실제로 현실에서 스스로 해결할 수 있을 법한 작은 일을 의미한다. 핵심은 실현 가능해야 한다는 것, 그리고 실천에 대한 공감에 있다.

그렇기 때문에 '최초의 단서'에 초점을 맞추어야 한다. 최초의 단서에 집중하는 이유는 그것이 구체적이고 해결 가능한 것이기 때문이다. 실현 가능한 가장 사소한 일이 무엇인지 서로가 공유하기 위한 것이다. 이를테면 꾸준한 운동을 통해 이룬 몸의 변화에 기쁨을 느끼는 것 또한 자신의 목표에 충분한 동기를 부여한다. 간접적 전능감을 통해 자존감을 다시 찾게 하는 과정이라 할 수도 있다.

대화도 마찬가지다. 변화를 원하는 누군가에게 질문을 던지고, 돌아오는 답을 통해 우리는 상대의 목표를 엿볼 수 있다. 그리고 그 목표를 위해 가장 먼저 시작해야 할 것이 무엇인지에 대한 단서도 찾을 수 있을 것이다. 나는 이를 '목표 질문'이라 한다.

***

금연을 위한 모임에 이를 독려하는 역할의 강사로 초대된 적이 있다. 돈 때문이든 건강 때문이든, 상식적으로 금연 모임에 있는 사람들이 원하는 것은 '담배를 완전히 끊는 것'일 가능성이 가장 높다. 이를 확인하기 위해 그들에게 조금 다른 방식의 질문을 던졌다.

"여러분, 혹시 알고 있습니까? 담뱃값이 5천 원으로 인상되면서 여러분이 1년에 내는 세금도 100만 원 이상 올랐다는 것 말이죠. 여기에 대해 어떻게 생각하십니까?"

한 청중이 대답한다.

"이 정부는 해주는 것도 없으면서 틈만 나면 국민들 세금 뜯어갈 생각만 한다니까!"

또 다른 청중이 말했다.

"국민에게 금연하라고만 하지, 국가가 운영하는 담배 회사는 그대로 두는 걸 보면 정부는 흡연하는 사람들이 오히려 반가운 거 아니야?"

이들에게 다시 질문했다.

"그렇다면 여러분은 국가에서 운영하는 금연 클리닉이 있다는 사실을 아시나요?"

그리고는 다음의 이야기를 이어갔다.

"2015년 담뱃값 인상으로 국민건강증진 부담금의 수입과 국가의 금연 지원 서비스 예산도 크게 늘었는데요. 보건소에서 운영하는 금연클리닉의 경우 2015년에 2,615억 원에서 매년 증가해 2018년에는 3,841억 원에 달했습니다. 그러나 보건소 금연 클리닉 등록자는 변화가 없었죠. 2015년 담뱃세 인상 시점에 고작 1.3배 증가한 것이 다였습니다. 더 충격적인 이야기를 전해 드릴까요? 보건소 금연 클리닉에 등록한 사람들의 금연 성공률은 오히려 매년 하락하고 있습니다. 클리닉을 운영 중인 전국 보건소 253개소의 6개월 금연 성공률은 평균 16.79퍼센트에 불과합니다. 이것이 과연 국가의 정책이나 보건소 금연 클리닉의 홍보 부족 때문일까요? 여러분은 정말 담배를 끊고 싶은 게 맞죠? 그렇다면 지금 당장 보건소로 달려가 금연 클리닉에 등록하십시오. 그리고 꼭 담배를 끊어 남은 삶을 청량한 공기와 함께하시기 바랍니다."

이 강연은 국가 운영의 금연 클리닉 예산이 매년 남아도는 상황을 금연 희망자들에게 전하는 동시에, 국가 자원을 활용하여 금연을 하겠다는 의지를 더욱 독려하는 기능을 수행했다. 물론 국가의 홍보 부족이나 세금 인상에 대해 비판하는 시각이 있을 수 있다. 그러나 금연을 희망하는 청중의 핵심 목표는 결국 금연 그 자체다. 본인이 낸 세금으로 운영하는 클리닉을 활용하고, 금연에 반드시 성공하는 것이 궁극적인 목표인 것이다.

스스로 새로운 도전에 직면하는 삶은 지극히 이상적인 기대일지도 모른다. 그러니 상대의 호기심을 자극하는 '목표 질문'은 당신의 말이 선입견의 벽을 넘어 상대의 호기심을 자극하게 하고, 이는 서로가 원하는 지점에 도달하는 지름길이 될 수 있다. 단, 목표 질문을 통해 타겟 청중의 심리를 자극하기 위해선 당신은 먼저 다음 세 가지 질문에 명확한 답을 가지고 있어야 한다.

첫째, 상대가 현재 관심을 가진 주제가 무엇인지 아는가?
둘째, 상대는 관련 주제에 얼마나 열정을 가지고 있는가?
셋째, 그 열정을 태우기 위해 어떤 가치를 보여줄 것인가?

이 세 가지에 대한 명확한 답을 구하기 힘든 경우를 위해 하나의 힌트를 주겠다. 그것은 상대가 가진 '꿈'이다.

일론 머스크Elon Musk가 이끄는 민간 우주 기업 '스페이스X'는 결국 인류의 오랜 소망인 '우주 여행'이라는 꿈을 파는 기업이다. 허무맹랑해 보였던 이 꿈은 현대 과학의 발전으로 그 실현 가능성이 점차 높게 평가되고 있다. 그런데 구체적인 실행이나 기술도 없이 비전을 담은 하나의 목표만을 발표해 이득을 챙긴 국가가 있다. 바로 인구 63만 명에 불과한 유럽 내륙의 작은 국가인 룩셈부르크다. 룩셈부르크의 정부는 2016년 우주청을 설립해 소행성에서 희귀 광물을 채굴하겠다는 계획을 밝혔다. 미합중국 항공우주국인 나사NASA는 실제로 행성의 돌을 가져오면 매입해 주겠다며 이에 대해 사실상 국제법상의 가능성을 열어 주었다. 물론 현실화될 때까지 얼마의 시간이 걸릴지 알 수 없으며, 투자 대비 경제적 가치도 예상할 수 없다. 그럼에도 수많은 관련 행사와 기업들을 유치하며 룩셈부르크는 이미 2022년 기준 국가 GDP(1인당 국내 총생산) 13만 달러 중 3퍼센트를 상업 우주산업으로 벌고 있다.

우주에 대한 열망을 담은 꿈을 팔았던 사람이 일론 머스크나 룩셈부르크가 처음은 아니다. 일찍이 케네디 미국 대통령은 1961년 의회 연설을 통해 이렇게 말했다.

"미국은 앞으로 하나의 목표에 전념해야 합니다. 앞으로 10년 안에 인간을 달에 착륙시키고 무사히 지구로 귀환할 수 있도록 하는 목표 말입니다. 만일 우리가 이를 해낸다면 달에 가는 것은 한 사람이 아니라 이 나라 전 국민이 될 것입니다. 우리 모두는 이 목표를 성취하기 위해 열과 성을 다해야 합니다."

우주 여행이라는 꿈의 시작은 이때부터였는지 모른다. 케네디는 달에 다녀오는 여정을 대중의 목표로 설정했다. '목표 질문'의 핵심이 실현 가능과 실천에 대한 공감에 있는 것과 같다. 최초의 단서는 가장 작은 것부터 차근차근 목표를 향해가기 위한 장치다. 케네디의 이 연설은 '인간의 달 착륙'이라는 낯선 꿈에 호기심을 당겼고, 이를 목표로 수많은 분야의 전문가들이 긴 시간을 달려와 일론 머스크의 '스페이스X'까지 이른 것이다.

미국의 전략 커뮤니케이션 전문가 사이먼 사이넥Simon Sinek 은 대부분의 사람들이 무엇what을 어떻게how 하느냐에 집중할 때 그 대신 '왜why'에 초점을 두라고 말한다. 'why'는 꿈, 신념, 가치관, 동기 부여 등의 궁극적인 목표인 동시에 호기심을 자극한다. 이는 목표 질문을 통해 서로가 공감의 접점을 찾고 마지막에 도착해야 할 종착지이기도 하다. 모든 커뮤니케이션의 궁극적 목적이 변화와 행동에 있다는 것 또한 'why'에 집중해야 할 이유를 말해준다. 그리고 'why'의 정점에는 '꿈'이 있다.

당신에게 묻겠다.

"여느 날처럼 밤에 곤히 잠이 들었다. 그리고 자는 동안 기적이 일어나 당신의 꿈이 이루어졌다 가정해보자. 아침에 눈을 떠 '어찌 된 일이지? 어제까지 그토록 이루기 위해 노력한 꿈이 현실이 됐어'라는 생각이 들게 할 '최초의 단서'는 무엇인가?"

그 단서가 당신이 꿈을 이루기 위해 지금 당장 시작할 일이다.

진성과
진심의
메아리

진심이
담긴 말은
메아리로
돌아온다

"가려진 커튼 틈 사이로 그댈 처음 보았지."

길거리에서 들리는 음악, '길보드'가 가요계의 인기 순위를 짐작케 하던 1995년의 겨울. 번화가 한편에 서서 카세트테이프 노래 모음을 팔던 리어카에서는 귀곡 산장과 같은 흐느낌이 여기저기 흘러나왔다. 가수 조관우의 〈늪〉이었다. 조관우가 내는 발성법은 일명 '카스트라토' 혹은 '팔세토' 창법이라 부르는 가성假聲 창법이었다. 그의 대표곡인 〈늪〉이나 〈꽃밭에서〉는 거의 대부분을 가성으로 부른다. 당시에는 프린스Prince Rogers Nelson나 제럴드 졸링Gerard Joling처럼 거의 한 곡 전체를 가성 창법으로 부르는 해외 가수 몇몇이 인기를 끌던 시절이었다.

노래 발성으로 가성 창법의 단점은 명확하다. 묵직하게 밀고 나가는 힘이 부족한 소리이다 보니 마이크나 음향기기의 도움 없이 오로지 육성으로 전달하기엔 한계가 있다. 몇 해 전 〈나는 가수다〉라는 경연 프로그램에서 남다른 감성과 뛰어난 기교에도 고전하던 조관우 씨를 보며 새삼 느꼈다. 당시 경연에서 높은 자리를 차지하던 가수들을 보면 진성眞聲을 쓰는 경우가 많았다. 현장에서 전해지는 감동은 단연 힘이 느껴지는 호소력 짙은 창법이 유리할 수밖에 없다.

소리는 메커니즘mechanism의 문제다. 우리가 목소리를 낼 때는 공기를 들이쉬는 호흡을 시작으로, 이를 배에 가둬두었다 다시 내뱉으며 성대를 울리는 발성의 과정, 그리고 정확한 입모양과 혀의 위치를 통해 의미를 전하는 발음 단계가 수반된다. 그렇기에 어느 과정 하나라도 제대로 이루어지지 않으면 자신이 가진 최상의 소리를 내고 있지 못한 셈이다.

노래는 짧은 시간 동안 그 가수 특유의 목소리로 감정을 전달하지만, 평소 말할 때의 발성법은 조금 달라야 한다. 앞선 노래 발성의 예처럼 가성은 메시지를 전달하기에 가늘고 힘이 부족하고 비성鼻聲은 답답하게 들릴 수 있다. 말할 때마다 두성頭聲으로 울림을 만들어낸다면 아마 듣는 이도 힘들어서 지치고 말 것이다. 한때 목욕탕 소리라고 굵직한 울림의 발성이 아나운서를 선발하는 데 선호되던 시기가 있었지만, 긴 시간 방송이나 뉴스를 듣는 시청자의 입장에선 부담스러운 것도 사실이다.

자신이 가진 목소리를 제대로 살리는 방법은 배에 가둔 풍부한 공기로 성대를 울려 생긴 파장과 조음을 진성으로 입 밖으로 내놓는 것이다. 비행기가 날아오르듯 시원하게 공기를 뚫고 상승하는 소리는 듣는 이의 기분을 좋게 한다. 긍정적 정서의 변화다. 이는 말하는 이에게 믿음이 가게 만드는 마법으로 이어진다. 목소리가 좋은 사람에게 눈길이 한 번 더 가는 이유다. 뉴스를 진행하는 앵커나 아나운서가 신뢰의 표본처럼 느껴지는 것도 이렇듯, 목소리의 후광 효과가 크다.

***

마이크를 재킷 칼라에 부착하고 인이어in ear라 부르는 이어폰 모니터를 귓구멍에 밀착시키는 순간, 많은 사람과 연결된다. 내가 하는 말은 스튜디오 밖에 있는 수십 명이 모두 들을 수 있으며, 반대로 그들이 각자의 위치에서 분주히 움직이며 내는 활약

상과 숨소리가 생생하게 들려온다.

생방송 직전의 긴장감도 풀고, 카메라 뒤에서 진행자를 위해 애쓰는 스탭들과 분장 팀과의 소통을 통해 그간 잠깐씩 나눴던 이야기들. 나는 농담이라고 던졌지만, 사실상 농담을 위한 농담이었던 셈이다. 그래야 한다는 생각으로 마구잡이로 던진 말이었다. 이후 카메라에 온에어on air가 들어온 후 시청자를 향한 나의 뉴스들에는 과연 진정성이 있었을까? 이십여 년 동안 해온 일이지만 새삼 의구심을 가지고 나를 돌아보게 되었다.

이탈리아 카페에서 시작된 '서스펜디드 커피'에는 그 어떤 기부보다 귀하고 진정 어린 마음이 담겨 있다. 커피의 나라에서 커피를 마시고 싶어도 그러지 못하는 이들, 누군지 모를 그들을 위해 여분의 커피를 미리 구매하는 고객들의 문화다. 분명 그 커피 향은 천리만리 퍼질 것이다. 사람의 말도 마찬가지다. 진정성의 파장이 힘 있게 청중에게 꽂히듯 향기를 지닌 말은 그 잔향이 오래 남는다. 꼭 좋은 말재주가 아니더라도 상대를 즐겁게 할 수 있다. 진정성과 존중 그리고 여기에 더해진 칭찬의 말이라면 당신의 입에서 봄바람이 나오게 될 것이다.

커피와 꽃향기처럼 진심은 생각보다 쉽게 드러난다. 진심이 결여된 말은 마치 산 위에서 가성으로 '야호'를 외치는 것과 같이 돌아오는 메아리가 없다. 그러나 온몸에서 진심을 담아 세상에

4장. 당신만의 이야기

내놓은 노래가 감동의 표정과 기립 박수 그리고 눈물로 돌아오듯, 진심을 담은 말은 상대의 반응으로 메아리가 되어 온전히 내게 다시 돌아올 것이다.

누군가의 반응에 서운함을 느꼈는가? 당신의 말을 온전히 받아들이지 못하는가? 그럼 메아리를 찾아라. 힘 있게 밀고 비상하는 비행기와 같은 발성처럼, 매 순간 자신의 생각과 감정을 진심으로 전하라.

당신의 말에 울림을 담아라.

우리에겐
이야기가
필요해

스토리는
본능이다

최근 유튜브를 보면 영화나 드라마를 영상 몇 편으로 요약해 설명하는 영상들이 많이 올라온다. 심지어 그 영상들마저도 1편으로 요약해달라는 댓글도 심심찮게 볼 수 있다. 이 현상은 편집된 영상에 익숙해진 현대인들이 겪는 부작용(Quick Back, 자신의 행동에 대한 즉각적인 반응을 원하는 상태)이기도 할 것이다. 최근 틱톡을 필두로 한 짧은 영상 서비스인 숏폼short-form 콘텐츠가 유행하면서 시간을 뛰어넘는 듯 짧게 편집된 영상의 시대는 점점 더 확산되고 있다.

영상 한 컷(한 장면)의 일반적인 길이는 10초 내외다. 하지만 요즘 영상을 보는 시청자들은 10초도 인내심 있게 기다리지 않는다. 이렇다 할 자극 없이 이어지는 10초는 무한히 길게만 느껴진다. 짜장면 한 그릇을 먹는 데 10분은 걸릴 법한데, 소위 '먹방' 유튜버들은 십 인분은 족히 될 법한 요리들을 펼쳐두고 짧은 컷 수십 개를 이어 어느 순간 빈 접시만 남은 장면을 보여준다. 코로나19가 가져온 오프라인 단절의 시간은 스트리밍 서비스의 급격한 성장을 부추겼고, 이는 영화를 비롯한 영상 문법을 모조리 바꿔 놓았다. 그에 따라 컷의 길이는 더 짧아졌고 호흡과 대사가 아닌 자극적인 자막이 메시지를 대신한다.

***

영화 〈서편제〉의 백미는 여주인공 송화(오정해 분)가 부르는 진도 아리랑이 청산도 언덕의 아름다움과 어우러지는 가운데 세 주인공이 덩실거리며 내려오는 장면이다. 5분 40초간 고정된 화면은 주인공들이 사라진 후에야 다음 장면으로 전환된다. 그러나 관객들은 지루한 줄 모르고 5분이 넘는 긴 시간에 온전히 집중한다. 그럴 수 있는 이유는 바로 이 하나의 장면에 주인공들의 아픈 가족사를 모두 녹여낸 '스토리'가 있었기 때문이다.

대한민국 최초의 퓰리처상 수상자인 김경훈 사진기자도 스토리의 중요성을 보여주는 짧은 말을 남겼다.

"사진은 언어다."

그가 상을 받은 보도 사진의 제목은 〈캐러밴 모녀〉였다. 트럼프 대통령이 국경 폐쇄 조치를 내렸고, 이에 반대하는 평화 시위가 멕시코와 미국의 국경지대인 티후아나의 국경 장벽 앞에서 펼쳐지고 있었다. 이때 캐러밴(중남미 이민자) 한 무리가 뛰기 시작했고 국경수비대는 최루탄을 발사한다. 기저귀를 찬 두 아이의 손을 잡고 필사적으로 도망치는 엄마는 디즈니의 애니메이션 〈겨울왕국〉의 캐릭터 티셔츠를 입었고 피어오르는 최루탄 연기 뒤편으로 높고 단단한 장벽이 보인다. 한 장의 사진이 전 세계 사람들의 관심을 이끌어 낼 힘과 울림을 가질 수 있는 것 또한 그 사진이 내포한 '스토리' 때문이다.

잘라붙인 영화의 필름이나 찰나의 순간을 포착한 사진 한 장에도 긴 스토리가 담겨 있듯, 인간의 기억도 마치 켜켜이 쌓아 올린 문서 파일과 같다. 적재적소에 알맞은 말을 한다는 것은 이 문서 더미에서 얼마나 빨리 필요한 이야기를 찾아내어 언어화하는가에 달렸다. 시간이 지나고 나이가 들어도 기억력을 유지하고 이야기를 막힘없이 풀어내는 사람들의 특징이 있다. 그것은 바로 꾸준한 메모와 스크랩, 그리고 독서를 통한 지식의 보강과 확장이다. 이야기꾼들의 언어는 끊임없는 소재의 수집과 저장 그리고 꺼내 쓰기의 훈련으로 만들어진다.

인간의 모든 경험은 스토리로 저장된다. 그리고 기억 속의 스토리는 하나의 덩어리를 이루고 있는데, 심리학에서는 이를 '청크chunk'라고 한다. 말 그대로 상당히 많은 양의 덩어리를 의미하는데, 언어학에서는 이를 '한꺼번에 배울 수 있는 말의 단위 개념'이라고 정의한다. 나는 이를 '기억의 덩어리'라 칭한다.

기억의 덩어리는 단편적인 사건 하나가 영화의 에피소드 한 편처럼 저장되는 것이 아니라, 일련의 시간 순서에 따라 이어지는 롱 테이크long take 영상과 같다. 예를 들면 이런 것이다. '출근'은 집을 나서서 차를 타고 회사에 도착하는 것으로 끝나는 단순한 과정이 아니다. 여기에는 매일 아침 반복하는 일련의 행동들이 시간순으로 진행되는 나름 복잡한 과정이 포함된다. '출근'이라는 말을 들으면, 알람 소리를 듣고 침대에서 일어나 씻고 옷을 갈아입고 문을 나서서 회사에 도착하기까지의 과정을 연상할 수 있다. 이렇듯 사람의 기억이란 그 기억에 수반되는 수많은 행동들이 마치 영화 속 롱 테이크 장면처럼 저장되는 과정을 뜻한다.

***

사진이나 그림은 전체를 단번에 눈에 담고 감상할 수 있지만 음악은 그럴 수 없다. 음악이 진행되는 처음부터 끝까지 시간을 들여서 들어야만 이해할 수 있다. 글이나 이야기도 마찬가지다. 시작부터 순서대로 읽어 내려가야 비로소 전체 이야기를 음미할 수 있다. 매체의 형식에 따라 조금씩 형태는 다르지만 이야기는 하나의 덩어리와 같다. 아리스토텔레스 역시 완벽한 이야기란 청자가 그 이전의 이야기를 몰라도 되며 그 이후의 이야기를 궁금해 하지 않아야 한다고 했다. 그래서 잘 구성된 이야기는 부가적인 배경설명 없이 오직 해당 글이나 음악, 그림만으로도 이야기와 그 안에 담긴 메시지를 전달한다. 이는 기억이 하나의 덩어리일 수밖에 없는 구조적 근거를 제시한다.

최근 연구에 따르면 인간의 언어는 석기시대 부족 사회에서 서로의 정보를 교환하기 위해 발전해 왔다고 한다. 당시 부족들은 누군가에 대한 옳고 그름을 논의하여 옳은 행동은 상을 주고 그릇된 행동은 벌했다. 이는 부족의 모든 구성원들이 공동 생활을 위해 협력하도록 독려하는 기능을 수행했다. 그리고 이런 과정을 이끌었던 이야기꾼들은 그들의 할머니, 할아버지들이었다. 이야기가 인간의 본능일 수밖에 없는 이유는 그것이 태초부터 생존과 직결되어 있는 문제였기 때문이 아닐까. 심지어 이야기의 효용을 보여주는 일화와 삶의 기억마저도 우리에게는 하나의 이야기 형태로 남아 저장된다. 사람들이 스토리텔링 방식의 전개에 자연스럽게 동화되는 것은 본능을 넘어 과학이다.

어린 시절 베갯머리에서 해주시던 가쁜 숨이 섞인 할머니의 조곤조곤한 이야기가 마음의 평온을 가져오곤 했다. 잠자리에서 듣는 엄마와 아빠의 동화 한 구절은 아이를 행복한 꿈나라로 이끈다. 학교에서 있었던 일을 과장 섞인 몸동작을 섞어 엄마에게 풀어내는 학생들, 오늘 하루 있었던 파란만장한 일들을 저녁 식사에서 무용담으로 펼쳐 보이는 직장인들, 지금 이 순간에도 우리는 우리의 이야기를 살고 있다.

우리 모두 또 다른 의미의 이야기꾼이다.

영화는 봉준호,
뉴스는 김준호

당신만이
쓸 수 있는
이야기를
써내려가라

앵커라는 이름 아래 주말과 휴가를 제외하고는 거의 매일 뉴스를 했다. 그러나 나는 MZ 세대들이 말하는 소위 듣도 보도 못한 '듣보' 아나운서다. 나는 수려한 진행 솜씨를 뽐내는 김성주도, 재치와 유머로 무장한 전현무도 아니다.

그런 내가 한 해에 단 한 명에게 주어지는 한국방송대상 앵커상을 받을 수 있었던 행운은 무려 17년 동안 한 자리를 지킨 일종의 보상이었던 것 같다. 물론 수많은 사람들의 도움이 있었음을 절실히 느끼며, 상 따위 없이도 묵묵히 자신의 자리를 수십 년 지키는 평범한 이웃이 많다는 것을 안다. 그럼에도 내게 찾아 온 행운을 온전히 성실함에 두고 싶은 이유는 사실 지극히 개인적인 믿음 때문이다.

상은 묘한 환각을 가져온다. 뭔가 인정받고 특별한 사람이 된 것 같은 우월감 말이다. 한동안 그 환각에 취해 구름 위에 떠 있는 느낌으로 살았다. 상이 주는 흥분은 달콤했다. 뭐든 하면 될 것 같았고, 어제와 다른 내가 된 것 같았다. 그러나 이를 환각이라 표현한 것은 순간의 착각에 불과하기 때문이다. 물론 작은 성공이라는 의미는 있다. 작은 성공들이 쌓여 자신감이 붙고 이는 긍정의 심리적 미장센으로 작용해 자존감의 원천이 된다. 그러나 상이 주는 환각은 나의 정체성과는 별개의 문제다. 앵커상을 받았지만 나는 여전히 '듣보'이고 월급을 받는 조직원일 뿐이었다.

상으로 자극받은 자신감이 슬슬 떨어지고 넋두리를 늘어놓던 술자리에서 이를 명백하게 깨닫게 해 준 사람이 있었다. 10년 가까이 함께 방송하며 나를 지켜 본 작가 J였다.

"네 인생의 서사는 책장에 덩그러니 서 있는 그깟 상패가 말해 주는 게 아냐."

작가 J는 술이 깬 후 자신이 내게 한 조언을 기억하지 못했다. 그러나 그 말이 단서가 되어 나는 잊고 있었던 나의 극적 행동을 다시 떠올렸고 성실함에 대한 믿음을 되찾았다.

난 고등학생이 될 때까지 단칸방을 벗어나지 못했던 가난한 집에서 자랐다. 누나는 기숙사에서 생활했고, 나는 맞벌이하는 부모를 위해 김치찌개를 끓였다. 꿈이나 장래 희망 같은 것은 둘째 치고 돈 걱정에 한숨 짓는 부모님을 안쓰럽게 바라보는 시간이 더 많았다. 나까지 짐이 될 수 없다고 생각하여 성실히 학교에 갔고, 내게 부끄럽지 않기 위해 공부를 했다. 스스로 만든 일종의 가훈이나 급훈과 같은 것이었을까. 언제부터인지 모르지만 아주 어린 날부터 나는 다음 세 가지 말을 속으로 되뇌었다.

"한숨 쉬지 말자!"
"욕하지 말자!"
"침 뱉지 말자!"

이를 위해 고운 말을 가려 썼으며, 현실을 충실히 살아내려 애썼고, 용모와 주변을 깔끔히 유지하려 노력했다. 이것이야말로 부족한 내가 주눅 들지 않고 친구들 앞에 당당히 설 수 있으며 잘못된 길로 들어서지 않는 방법이라고 본능적으로 믿었던 것이다. 그 세 가지의 단순한 철칙이 차곡차곡 쌓여 나는 2018년 45회 한국방송대상에서 그해 한 명에게만 주어지는 앵커상이라는 과분한 보상을 받았다고 생각한다. 옛날 말로 개천에서 용이 난 셈이다. 물론 개천도 없고, 그 개천에서 용이 날 일도 없는 세상이지만 말이다.

부끄럽지만 상을 받은 이후 많은 축하를 받았고, 그들과 함께한 술자리에서 무용담처럼 내가 살아온 이야기를 풀어놓기도 했다. 후배들에게는 저 잘난 줄만 아는 선배로 비쳤을지 모르고, 친구들에게는 미움을 살 수도 있을 법한 자랑이었을 것이다. 시간이 지나 다시 이 이야기를 하는 이유는 명확하다. 내가 상을 받은 이야기 역시 부정할 수 없는 나의 이야기, 내 삶의 서사이기 때문이다.

***

어찌 보면 개인의 이야기를 언어로 재현하는 에세이는 대표적 서사 문학이라고 할 수 있을 것이다. 그리고 최근에는 에세이를 비롯해 전업 방송인이 아닌 개인들도 자신의 SNS 채널에 지극히 개인적인 이야기를 대중에게 서슴없이 풀어 내기 시작했다. 대중 사회는 새로운 것에 대한 열망을 드러냈을지는 모르나,

깊이 있는 것과는 애초부터 거리가 멀었던 셈이다. 프랑스의 철학자 장 리오타르Jean Lyotard는 이렇듯 개인의 생각과 대중성이 중요시되는 현상을 가리켜 '거대 서사의 종언'이라 주장하기도 했다. 더 이상 사람들이 민족주의나 종교주의 등의 거대 서사에 통제되거나 지배받지 않는다는 뜻이다.

현재의 대중 문화는 이를 극명하게 보여준다. 요즘의 사람들은 개별적이고 단편적이며, 자신의 사소한 일상을 가장 소중하게 여긴다. 이러한 문화 흐름의 이면에는 마치 대량 복제 시대에 단 하나 남은 '요강'의 가치가 치솟는 것과도 같은 상황이 발생한다. 개별적 삶의 이야기를 미시 서사라 칭한다면, 오히려 가치 있고 희소한 것은 '거대 서사'가 되는 아이러니다.

거대 서사는 모든 역사적 사건들을 설명할 수 있는 커다란 '이야기 틀'을 의미한다. 흡사 영화에서의 하이 콘셉트와 같다. 특정 사안의 지엽적인 이야기들이 아닌 모든 것을 아우르는 일관성 있는 하나의 이야기, 즉 주제의 의미도 포함된다. 나이키의 'Just Do It'이나 애플의 '혁신' 그리고 마틴 루터 킹의 '차별 없는 세상을 바라는 꿈' 등도 거대 서사다. 우리가 거대 서사에 주목해야 할 이유는 그것이 사람들을 모으는 힘을 지니며 충성도loyalty를 높이기 때문이다.

나와 당신의 이야기는 역사학자의 관점에선 미시 서사일지 모른다. 그러나 개인의 관점에서 개별적 삶은 또 다른 하나의 세계이며 당신의 이야기는 거대 서사와 다를 바 없다. 이는 진정성과 지속성을 가진 극적 행동에서 비롯한다. 당신을 향하는 공통된 '평판'을 구체적 문장으로 명확히 표현할 수 있는가? 나는 어떤 사람인지 명확한 정체성을 스스로 생각해 본 적이 있는가? 생각해 본 적이 없다면 지금 한번 떠올려 보자. 우리 주변 영웅들의 거대 서사와 나와 당신의 그것이 다를 이유는 없다.

상이 주는 환각에서 다시 현실로 돌아온 어느 날. 나는 개편을 통해 7년간 천오백여 회를 진행한 프로그램에서 교체됐다. 방송이 끝나고 받아 든 화분에는 분홍 리본에 다음과 같은 글귀가 적혀 있었다.

'영화는 봉준호, 뉴스는 김준호'

그랬다. 내가 원하던 나의 모습은 '어떤 방송이든 믿고 맡길 수 있는 아나운서'였다. 타인이 정의하는 정체성과 내가 써 가는 서사가 일치할 때, 진정한 소통의 통로가 생겨나는 것이 아닐까. 내가 받은 앵커상은 타인의 인정을 대변하지도, 그들과의 소통 창구도 되지 못했다. 아카데미 여우조연상을 수상한 후 배우 윤여정 씨가 한 인터뷰 내용은 이를 더 명확히 해준다.

"열등 의식에서 시작됐을 거다. 연극영화과 출신도 아니고, 아르바이트하다가 시작했다. 열심히 대사 외우는 것, 그래서 남한테 피해 안 주자는 게 나의 시작이었다. 편안하게 내가 연기를 좋아해서 했다기보다 난 절실했다. 먹고살기 위해 연기를 했기 때문에 나한텐 대본이 성경 같았다. 많이 노력한다. 브로드웨이로 가는 길을 묻는 관련 명언도 있지 않나? 'practice'라고 답했다는. 연습을 무시할 수 없다."

***

나는 여전히 '듣보' 아나운서다. 하지만 더 이상 누구나 아는 방송인을 꿈꾸지는 않는다. 물론 미래의 어느 순간에 내가 그런 사람이 되어 있을지도 모른다. 그러나 방송대상을 받았을 때처럼 환각에 빠지진 않을 것이다. 그것도 삶의 과정, 내 서사의 한 부분일 뿐이라는 것을 알기 때문이다.

굳이 메를로 퐁티가 말한 "당신 자신이 메시지"라는 기호학적 표현을 가져오지 않더라도 모든 소통과 관계의 시작은 나 자신이다. 당신의 삶이 바로 하나의 이야기며 그 이야기는 타인이 내린 정의만으로 결정되지 않는다. 아니, 그렇게 두어서는 안 된다. 타인의 정의는 당신의 서사를 그들의 시각에서 해석하는 것일 뿐이다.

개천에서 용이 날 수 없는 세상에서 어쩌면 운명은 더 이상 스스로 개척할 수 있는 것이 아닐지도 모른다. 그러나 자신에게 주어진 운명의 궤도는 매 순간 자신의 작은 말과 행동을 통해 충분히 긍정적 방향으로 수정해 나갈 수 있다.

내가 정의한 언어의 세 축은 목표와 대상, 그리고 극적 행동이다. 자신의 운명을 결정짓는 서사는 결국 당신 자신에게서 비롯한다. 당신이 주인공인 단 하나의 이야기를 써 내려가라. 그것이 당신의 언어이며, 그 언어는 곧 당신의 운명이 된다. 여러분 모두에게 묻겠다.

당신의 삶을 이끌 서사는 무엇인가요?

에필로그

우리를
살게 하는
희망을 말하라

항문을 살리자!

얼마 전, 우리 가족은 큰 시련을 맞았다. 아버지가 항문암癌
3기 판정을 받으신 것이다. 심할 경우 항문을 통째로 도려내야
만 하는 절망적인 상황이었다. '바위 암' 자를 품고 있어서일까.
'암'이라는 단어 자체만으로도 그 공포와 무게는 표현할 수 없을
만큼 버거웠다. 그 무렵 망연자실한 마음으로 출근길 지하철 좌
석에 앉아 맞은편을 바라볼 때였다. 광고판에 '서울특별시 직장
암센터에 문의하세요'라는 문구가 보였다. 나도 모르게 이끌려
가까이 다가가 보니 '암'이 아니라 직장'맘' 지원센터였다.

하나의 주제에 매몰되어 있을 때 그와 관련된 것만 보고 들
으며 그 정보에 집중하게 되는 것을 프레임이라고 말한다. 새 차

를 사려고 마음먹은 사람이 길을 걸으면 온통 자동차만 보이고, 정치인이나 평론가들이 진영 논리에 갇혀 일방적인 주장만 펼치는 경우도 흔한 예다. 스스로 특정한 색깔이 칠해진 안경을 쓰고 세상을 바라보며 그 테두리 바깥의 것들은 놓치고 마는 것이다.

서양 동화에 나오는 핑크 대왕 퍼시는 세상을 온통 핑크색으로 칠하고도 모자라 핑크 하늘을 갈망했다고 한다. 그런 그에게 핑크색을 칠한 안경을 씌웠더니 비로소 만족하고, 행복한 핑크 대왕이 되었더란다.

반대로 나는 어느새 불행한 퍼시가 되어 있었다. 어디에서 무엇을 하고 있든 암에 의해 색채를 잃은 희뿌연 세상밖에 보이지 않았다. 우리 가족의 삶은 하루하루 '암'이라는 단어에 매몰되어 깊게 침잠하고 있었다. 불행한 현실을 마주한 사람에게 필요한 것은 쉽게 부서지고 끊어질망정 다시 이전으로 돌아갈 수 있을 거라는 희망의 끈이다. 우리 가족에게는 희망이라는 안경이 절실히 필요했다.

암 환자에게 있어 최종적인 희망은 완전한 관해remission다. 암세포라는 고약한 녀석이 더 이상 몸에서 발견되지 않는다는 의미다. 그것이 모든 암 환자들이 생명의 끈을 부여잡고 끝끝내 올라야만 하는 고지였다. 하지만 우리에게 갈 길은 멀어 보이기만 했다. 잠 못 이루는 긴 밤들이 며칠이나 지났을까. 우리 가족은 관해라는 추상적 목적지 대신 더 간절하고 현실적인 목표를 설정했다.

"항문을 살리자!"

코로나라는 긴 터널은 모두에게 절망과 단절의 시간을 가져왔다. 장시간 재택근무에 들어간 사람들은 지금까지와 전혀 다른 차원의 고립을 경험하게 되었다. 자가격리라는 생소한 감옥을 접했고, 장기 재택근무로 인한 온라인 업무는 고립감과 맞물리며 비현실성을 증가시켰다. 마치 가상현실에 있는 것처럼, 통장에 들어온 월급을 눈으로 확인하면서도 직장 생활을 하고 있다는 걸 실감하기 어려웠다. 고립으로 인한 우울감은 혹시 이대로 회사가 문을 닫으면 어떻게 하나 싶은 실질적인 절망으로 이어지고, 오히려 출퇴근의 고단함을 그리워하기에 이르렀다.

그런 와중에 모 회사는 직원들을 위해 작은 묘안을 실행에 옮겼다. 재택근무 직원들의 불안감을 불식시키고 업무에도 집중시키는 두 마리 토끼를 잡게 한 것은 놀랍게도 수건 한 장이었다. 수건에는 해당 직원이 소속된 팀과 팀원들의 이름이 적혀 있었다. 이 수건의 효과는 놀라웠다. 끝을 모르고 이어지는 코로나 팬데믹과 사이버 공간의 비현실성 속에서 동료들과 자신의 이름이 새겨진 수건을 보는 건 연대감과 소속감을 부여했고, 더불어 코로나의 긴 터널이 언젠가 끝날 거라는 희망의 미장센이 되었다.

'항문을 살리자'는 우리 가족의 목표는 희망의 미장센이다. 항문을 살리는 치료를 하는 것이 종국에는 병을 극복하는 길이다. 암이라는 녀석에게 지는 순간, 아버지는 항문을 잃고 여생을 장루라 불리는 배변 주머니에 의지해야만 하기 때문이다. 우리에겐 가늠할 길 없이 막연한 '암 완치'라는 말보다는, 당장 눈에 보이고 손에 닿으며 무엇보다 매일의 삶에 현실성을 부여하는 '항문을 살리자'는 말이 더 명확하고 구체적인 희망이었다. 마치 이름이 새겨진 수건처럼.

정신분석 전문의이자 베스트셀러 작가인 김혜남 선생은 "우울이란 동굴이 아닌 터널"이라 말했다. 바늘구멍처럼 보이는 작은 점이라도 그 끝이 열려 있다면 반드시 빛을 만날 수 있다. 그리고 그 빛은 다름 아닌 '희망'이다. 우리는 이미 코로나라는 긴 터널을 희망이라는 끈을 부여잡고 잘 헤쳐 나왔다. 우리 가족 역시 멀고 먼 관해의 길에서 어떤 난관에 다시 직면할지, 언제 암의 터널을 완전히 벗어나 쏟아지는 햇살을 양팔 벌려 맞이할 수 있을지 모른다. 그러나 그 길을 헤쳐 가는 우리는 이미 알고 있다. 서로를 밀고 끌며 정상에 오르는 산행처럼, 그 길에 만나는 아름다운 광경과 사람들을 놓쳐선 안 된다는 것을 말이다. 목표에 매몰돼 주변의 다른 가치들을 외면하거나 놓치지 말아야 함을 말이다. 희망의 끈을 잡고 하루하루를 충실히 살아낸다면 언젠가는 멈추었던 여행을 계속할 수 있을 것이다. 코로나에 짓눌렸던 여러분도, 암이라는 막다른 벽을 마주한 우리 가족도.

영화 〈다크나이트〉에서 범죄자들에 맞서 고담시를 지킬 유일한 희망이던 정의로운 검사는 중요한 결정에 앞서 항상 동전을 던져 운을 가늠했다. 양면에 같은 그림이 그려진 동전으로 말이다. 인생의 많은 갈림길 앞에 섰을 때 우리는 이미 택해야 하는 답을 알고 있다. 죽음과 삶이 종이 한 장 차이이듯 희망과 절망은 동전의 양면과 같다. 아무리 절망적인 순간이라도 인간은 동전을 뒤집어 희망을 발견할 수 있는 존재다. 선한 영향력이 사회에서 사람들을 이끄는 이유는, 좋은 사람이 건네는 좋은 말에 희망이 담겨 있기 때문이다. 누군가에게 영향을 줄 수 있는 좋은 말을 하는 방법은 멀리 있지 않다. 우리가 기꺼이 동전을 뒤집어 희망을 찾고, 그 동전을 다시 곁에 있는 사람에게 건네는 순간의 진정 어린 한마디가 좋은 영향력을 결정한다. 그러니 당신도 그런 희망의 증거가 될 수 있다. 지금 이 순간부터 영혼을 담은 목소리로 명료하게 희망을 말하자.

끝으로 수많은 출판사들이 내 글은 희망이 없다고 거절할 때 기꺼이 터널이 되어 준 포르체 박영미 대표에게 무한한 감사를 표한다.

　PS. 사랑하는 부모님과 누나, 매형, 조카들 그리고 나NA에게 마음속 깊은 고마움을 전합니다.

2022년 12월 어느 날, 김준호

참고문헌

1장

그 말이 왜 여기서 나와

-   오프라 윈프리의 이야기는 그녀의 저서인 《내가 확실히 아는 것들》, 북하우스 (2014)에서 확인할 수 있다.
-   자기 노출에 대한 각각의 정의는 2012년 저자가 연세대학교 대학원에서 진행한 석사논문 〈스피치를 통한 자기 노출이 화자의 이미지에 미치는 영향〉의 내용을 기반으로 한다.
-   '관계 발전 및 쇠퇴 모델'은 고려대학교 출판부에서 발행한 《자기 노출》(2009)의 이론을 기반으로 저자의 개인적인 일화를 덧붙였다.

호기심과 전능감

-   호기심이 공감을 유지하는 도구가 될 수 있음을 뇌와 관련해 강조한 내용은 리 히틀리 카터, 《뇌는 팩트에 끌리지 않는다》, 비즈니스북스(2020) 97페이지 제니 수서 박사의 연구를 참고했다.

1달러짜리 터미네이터

-   블록버스터(Blockbuster)를 비롯한 미국영화산업사는 코디 최의 《20세기 문화 지형도》, 컬처그라피(2010)에서 관련 내용을 참고했다.

2장

험한 관계의 다리가 되어
- 피아제의 심리학 용어와 토마스 길로비치의 조명 효과와 관련한 내용은 〈한국강사신문〉에서 2020년 04월 14일 발행한 이도겸 칼럼니스트의 칼럼 내용을 인용했다.

진정한 가치를 발견하는 법
- 에펠 탑의 역사는 〈정택영의 파리팡세 칼럼〉 "랜드마크가 된 에펠 타워"를 참고했고, 에펠의 반박문은 〈ScienceTimes〉 이성규 기자의 본문에서 인용했다.

그때는 맞고, 지금은 틀리다
- 미자하와 관련한 〈한비자〉의 원문은 사마천, 《한권으로 읽는 사기열전》, 김도현 역, 아이템북스(2007)을 각색했다.

3장

타인의 시선으로
- 'Restaurant of Mistaken Orders'를 번역하면 '주문이 달라지는 식당' 정도일 것이다. 여기서는 〈조선일보〉 2019년 3월 6일자 "치매 환자가 서빙, 엉뚱한 음식 나와도 괜찮아요"의 내용을 참고했다.

자연인과 뇌 과학자
- 긍정적 뇌를 위한 습관 형성의 중요성은 김주환의 《회복탄력성》, 위즈덤하우스(2019) 220페이지 내용을 참고 했다.
- 오일러와 베토벤의 일화는 박경미, 《수학콘서트 플러스》, 동아시아(2013)를 참고했다.

완장 찬 꼰대들에게
- 스탠리 밀그램의 실험과 관련해서는 위키피디아 그리고 《권위에 대한 복종》, 에코리브로(2009)를 참고했다.

(https://en.wikipedia.org/wiki/Milgram_experiment)

밀도 있는 삶을 사는 법
- 회고 절정과 관련한 내용은 출판사 웅진지식하우스에서 발간된 칩 히스와 댄 히스 형제의 《순간의 힘》(2018)에서 일부 참고했고, 저자의 생각과 표현을 덧붙였다.
- 도스토예프스키의 사형직전까지 갔던 일화는 2016년 04월 07일 〈아시아경제〉 신문기사와 교보생명 '광화문을 읽다 거닐다 느끼다'의 다큐 문화 기행 도스토예프스키 코너를 기반으로 구성했다.

공감의 미장센
- 미장센(mise en scene)은 프랑스어로 '연출'을 의미한다. 영어로는 'Putting on Stage' 즉, 무대에 배치하는 무엇인가를 의미해 영화에서 언어적 요소 이외에 보이는 모든 '시각적 요소'들이 넓은 의미의 미장센에 속한다고 볼 수 있다.
- 미국 대통령들의 반려견 이야기는 2021년 1월 26일자 〈OBS 월드뉴스〉의 일부 내용을 기반으로 한다.

모호함으로 일그러진 대화
- 말콤 글래드웰의 《아웃라이어》, 김영사(2019)에서 이와 관련한 작가의 해석을 볼 수 있는데, JFK 공항 관제사의 고압적인 태도가 사고의 원인을 제공했다고 기술했다.

어른들을 위한 우화
- 봉준호 감독의 수상소감에 대한 마틴 스콜세지의 딸이 전한 SNS 이야기는 2020년 12월 31일 〈윤고은의 EBS 북카페〉 방송내용에서 일부 인용했다.

실수도 따뜻한 시선으로 바라보자
- 사와지리 에리카의 소위 '베쯔니 사건'은 일본의 스포츠신문사 〈스포츠호치〉의 2019년 11월 16일자 뉴스를 참고했다.
- 손석희 교수의 일화는 2008년 2월 21일자 〈한경닷컴〉의 기사 기준으로 기술했다.
- 로봇 관련 실험이야기는 청소년웹진 〈MOO〉, 2018년 1월 17일자와 〈뉴스핌〉 2017년 10월 30일 기사를 참고했다.

마음을 담은 언어로 닮아가다

- 로버스 동굴 공원 실험은 출판사 케이엔제이에서 발간된 정성훈의《사람을 움직이는 100가지 심리법칙》(2011)에서 일부 인용했다.

4장

복제시대의 예술 작품

- 모더니즘과 관련한 내용은 코디 최의《20세기 문화 지형도》, 컬처그라피(2010)의 논조를 기본으로 한다.

마음의 문을 여는 힘, 진정성

- 만수르의 SNS 글은 2014년 6월 20일자 〈서울경제〉의 "만수르 서민놀이?"를 참고했다.

미래를 향한 길을 여는 질문

- 대화에서의 '목표 질문'은 상담학에서 활용하는 '기적 질문'에서 착안했다. 관련 내용은 웅진지식하우스에서 발간된 히스 형제의《스위치》(2010) 중 일부를 참고했다.
- 보건소 금연클리닉 관련한 수치는 2018년 6월 18일자 〈MEDI:GATE NEWS〉의 기사를 참고했으며 강연 내용으로 필자가 재구성했다.
- 존 F. 케네디의 1961년 의회 연설의 번역판은 히스 형제의《스틱》, 웅진지식하우스(2022) 146페이지의 내용을 인용했다.

우리에겐 이야기가 필요해

- 캐서린 넬슨 부부의 '옹알이 연구'는 2011년 09월 방영된 〈EBS 다큐프라임〉 '이야기의 힘' 내용을 참고했다.

좋은 사람이 좋은 말을 한다

초판 1쇄 발행 2023년 1월 3일
초판 2쇄 발행 2023년 1월 10일

지은이·김준호
펴낸이·박영미
펴낸곳·포르체

책임편집 김성아
편   집 임혜원, 김선아
마 케 팅 손진경, 김채원

출판신고·2020년 7월 20일 제2020-000103호
전화·02-6083-0128 | 팩스·02-6008-0126 | 이메일·porchetogo@gmail.com
포스트·https://m.post.naver.com/porche_book
인스타그램·www.instagram.com/porche_book

ⓒ 김준호(저작권자와 맺은 특약에 따라 검인을 생략합니다)
ISBN 979-11-92730-11-0 (03190)

여러분의 소중한 원고를 보내주세요.
porchetogo@gmail.com